Barbara Wendelken

Oskar und die Giftaffäre

Inventarisiert am
NR.
Realschule mit HT Bochum

Barbara Wendelken

Oskar und die Giftaffäre

Mit Zeichnungen von Susanne Bochem

Hase und Igel®

Für Lehrkräfte gibt es zu diesem Buch
ausführliches Begleitmaterial beim Hase und Igel Verlag.

© 2006 Hase und Igel Verlag GmbH, Garching b. München
www.hase-und-igel.de
Die Schreibweise folgt den Regeln der neuen Rechtschreibung.
Lektorat: Monika Burger

Druck: Ebner & Spiegel, Ulm
ISBN 978-3-86760-046-0

2. Auflage 2007

Inhalt

1. Ein Hundeherz und neue Möbel 7
2. Ein seltsamer alter Mann 13
3. Ein Brathfisch oder ein Nusspickel? 19
4. Dietmar erinnert sich 24
5. Agnieszka 30
6. Eine Lüge
   und mühsam gepflückte Erdbeeren 34
7. Jessica verdirbt alles 40
8. Justus von Hagen erzählt 44
9. Eine schlimme Geschichte 50
10. Vier Detektive für Agnieszka 55
11. Jessica will aufräumen 59
12. Pfefferminztee mit Honig 65
13. Ein ganz bestimmtes Blau 71
14. Im Luisenhospital 76
15. Frauenschuhe und ein verwegener Plan . . . 84
16. Drei Schlüssel 88
17. Dietmar, der Retter 92
18. Oskar bricht ein
    und hat Glück im Unglück 97
19. Gibt es noch ungespritzten Salat? 105

20. Caruso bekommt Ärger
    und Oskar Damenbesuch 109
21. Ein Dienstgeheimnis
    und eine überraschende Wendung 113
22. Der Schlüssel taucht wieder auf 119
23. Wie im Fernsehen 124
24. Dicke Luft in der Hortensienstraße 28 .. 129
25. Ein versöhnliches Ende................ 132

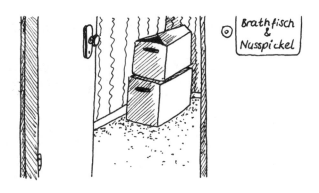

1. Ein Hundeherz und neue Möbel

Auch Detektive ziehen manchmal um. Und so wohnten Oskar Nusspickel und seine Mutter Katharina seit zwei Wochen am Stadtrand in der Hortensienstraße 28. Dietmar Brathfisch, der Freund von Oskars Mutter, hatte dort von seiner Tante ein Haus geerbt. Darin gab es genug Platz für drei Menschen und einen Hund.

Bislang hatten Oskar und seine Mutter allein gewohnt. Und Oskar hatte geglaubt, dass es immer so bleiben würde. Schließlich hatte Katharina Nusspickel behauptet, dass sie nie im Leben heiraten würde. Aber seit sie in Dietmar verliebt war, rechnete Oskar mit dem Schlimmsten.

Die Vorstellung, dass seine Mutter Dietmar heiraten könnte, gefiel Oskar überhaupt nicht. Wenn sie schon unbedingt heiraten wollte, warum konnte es nicht sein Vater Lothar Rittersberg sein? Der trug einen wunderbar normalen Namen. Bestimmt würde Oskars Leben viel einfacher verlaufen, wenn er Oskar Rittersberg heißen dürfte. Aber nein, er musste sich als Oskar Nusspickel auslachen lassen. Und jetzt, das muss man sich mal vorstellen, hatte seine Mutter einen Freund aufgetrieben, der Brathfisch hieß. Brathfisch mit th, wie er immer betonte. Ob sie davon träumte, irgendwann mal Katharina Nusspickel-Brathfisch zu heißen?

Vorläufig war sie zum Glück noch damit zufrieden, bei Dietmar zu wohnen. Wobei man überhaupt noch nicht von wohnen reden konnte. Wohnen hatte was mit Gemütlichkeit zu tun. Und gemütlich war es in der Hortensienstraße 28 wirklich nicht.

Überall standen Pappkartons herum. Es mussten Hunderte sein, ach was, Tausende, vielleicht sogar Millionen. Jedenfalls kam es Oskar so vor. Egal, wohin man wollte, man musste sich an Kartons vorbeischlängeln oder über Kisten steigen. Und egal, was man vorhatte – Pudding kochen, Tennis spielen oder Musik hören –, etwas, das man dazu brauchte, war garantiert in einem der Kartons versteckt. Aber in welchem? Oskar, seine Mutter und Dietmar waren pausenlos auf der Suche nach irgendwelchen wichtigen Dingen.

Gerade rannte Oskar mal wieder von einem Karton zum anderen. „Ich finde mein Buch über Hundeerziehung nicht. Und die blöden Turnschuhe sind auch immer noch nicht aufgetaucht. Am

Dienstag haben wir Sport. Wenn ich noch einmal ohne Turnschuhe komme, gibt es Ärger, hat Frau Mertens gesagt."

Seine Mutter, die gerade die Kochtöpfe in die neuen Küchenschränke räumte, sah nicht einmal hoch. „Da kann ich dir auch nicht helfen. Ich habe dir gesagt, dass du die Kartons ordentlich beschriften sollst."

Typisch Mutter. Sie hatte ihre eigenen Kartons ja auch nicht vernünftig beschriftet. Warum sonst suchte sie seit Tagen nach ihrer Sonnenbrille? Oder nach ihrem Lieblingskochbuch?

In diesem Moment klingelte es an der Tür.

„Mach auf, ich sperre den Hund ein!", rief Katharina Nusspickel.

Caruso, der Golden Retriever, gehörte Dietmar. Und seit dem Umzug gehörte Oskar auch ein Stück von Caruso. Um welches Stück es sich dabei handelte, war nicht geklärt. Insgeheim hoffte Oskar natürlich auf Carusos Herz.

Er gab sich redlich Mühe, die Zuneigung des Hundes zu gewinnen. Zum Beispiel führte er ihn jeden Nachmittag aus. Und wenn Oskar abends allein zu Hause war, durfte Caruso auch mal in seinem Bett liegen. Offiziell war das natürlich verboten. Laut Oskars Mutter waren Tiere im Bett unhygienisch. Allzu schlimm konnte es aber nicht sein, denn bis jetzt hatte sie noch nichts von Carusos heimlichen Besuchen bemerkt.

Leider war Caruso nicht sonderlich gut erzogen. Er stammte aus dem Tierheim und hatte vermutlich viele Monate in einem kleinen Zwinger zugebracht.

Über seine neu gewonnene Freiheit war er so erfreut, dass er keine Sekunde still sitzen konnte. Vor allem, wenn es an der Tür schellte, war er nicht mehr zu halten. Er bellte, dass man sich die Ohren zuhalten musste, und sprang abwechselnd alle Leute an.

Erst vorgestern hatte der Postbote sich über den ungestümen Hund beschwert. Seither wurde Caruso in die Küche gesperrt, wenn es klingelte.

Oskar öffnete. In der Auffahrt stand ein großer Lieferwagen. Der Fahrer hielt einen Zettel in der Hand. „Wohnt hier Oskar Nusspickel?"

„Jawohl. Das bin ich."

„Gut. Wir haben was auszuliefern. Bitte hier unterschreiben."

Inzwischen war es Katharina Nusspickel gelungen, den Hund in die Küche zu verbannen. „Was unterschreibst du da?"

Der Mann schaute nur kurz auf. „Wir haben eine Lieferung für den Jungen."

„Was für eine Lieferung?"

„Möbel, was weiß ich. Mehrere große Pakete. Wahrscheinlich eine Zimmereinrichtung."

„Wie bitte? Oskar, du unterschreibst gar nichts. Wir haben nichts bestellt." Katharina Nusspickel zog ihren Sohn unsanft zur Seite. Zu spät, er hatte seinen Namen bereits auf den Zettel gesetzt.

„Spinnst du? Wie kannst du etwas unterschreiben ohne mich vorher zu fragen? Und jetzt zu Ihnen." Angriffslustig starrte sie den Mann an. „Mit der Unterschrift können Sie nichts anfangen. Mein Sohn ist minderjährig und damit noch gar nicht geschäftsfähig."

Der Fahrer des Wagens schaute auf den Lieferzettel. „Ruhig Blut, junge Frau. Auftraggeber ist ein ..., Moment ..." Er kniff die Augen zusammen. Scheinbar brauchte er eine Lesebrille. „... ein Lothar Rittersberg aus Hamburg. Die Rechnung ist bezahlt. Nun regen Sie sich mal nicht so auf." Er drehte sich um und rief: „Okay, alles abladen!"

Katharina Nusspickel rief: „Nichts ist okay! Sie laden hier keine Möbel ab! Wir wollen nichts haben!" Doch das überhörte der Mann einfach. Er und sein Begleiter stellten die großen Kartons in die Auffahrt, dann setzten sie sich in ihren Wagen und fuhren davon.

Genau eine Minute später hielt Katharina Nusspickel das Telefon in der Hand. Hektisch tippte sie eine Nummer ein. Sie presste das Telefon an ihr Ohr. Dann knallte sie es wütend auf den Küchentisch.

„Der ist natürlich nicht zu Hause. Was bildet der Kerl sich ein? Du brauchst überhaupt keine Möbel. Deine Kinderzimmermöbel sind noch sehr gut."

Kinderzimmermöbel – eben! Oskar war zehn und damit fast schon ein Jugendlicher. Da brauchte man keine Kinderzimmermöbel mehr. Allein das alberne Piratenschiff, das seine Mutter vor Jahren auf seinen Kleiderschrank gepinselt hatte, war doch oberpeinlich.

Und genau das hatte er seinem Vater beim letzten Telefonat erzählt. Lothar hatte nichts erwidert. Aber er hatte dennoch erkannt, dass seinem einzigen Kind ordentliche Möbel fehlten. Und da er ziemlich viel Geld verdiente, hatte er offenbar beschlossen, Abhilfe zu schaffen. Oskar fand das völlig in Ordnung. Warum sollte er nicht davon profitieren, dass sein Vater so gut verdiente?

Seine Mutter sah das völlig anders. Sie konnte es nicht leiden, wenn Lothar seinem Sohn große Geschenke machte. Angeblich war dies schädlich für Oskars Entwicklung. Haha, wenn etwas schädlich für Oskars Entwicklung war, dann höchstens ein albernes, aufgemaltes Piratenschiff.

Da fiel Katharina Nusspickel etwas ein: „Oskar, hast du Lothars Handynummer griffbereit?"

„Das Heft mit meinen Telefonnummern hab ich noch nicht wiedergefunden. Und auswendig weiß ich Lothars Nummer nicht", schwindelte Oskar. In Wahrheit konnte er Lothars Handynummer sogar im Schlaf aufsagen. Aber auf Streit zwischen seinen Eltern hatte er gerade keine Lust.

2. Ein seltsamer alter Mann

„Ich geh mit dem Hund spazieren!", rief Oskar, um der schlechten Stimmung zu Hause zu entgehen.

Seine Mutter gab keine Antwort. Sie ärgerte sich wohl immer noch über die neuen Möbel. Von Zeit zu Zeit hämmerte sie Lothars Nummer ins Telefon. Aber der war noch immer nicht zu Hause.

„Sei pünktlich zurück!", rief sie Oskar hinterher.

Oskar griff nach der roten Lederleine, die an der Flurgarderobe hing. Es war viel unterhaltsamer, mit Caruso spazieren zu gehen als Kartons auszuräumen. Erst gestern hatte Oskar einen neuen Weg entdeckt. Wenn er die Hortensienstraße bis zum Ende lief und dann die Bahnschienen überquerte, kam er in den Resedaweg. Links der Straße verliefen die Gleise. Rechts standen ein paar Häuser, dann schloss sich ein winziges Wäldchen an. Es folgten zwei große Teiche, ein Erdbeerfeld, eine Gärtnerei und danach kamen nur noch Wiesen und

Felder. Auf einem Schild neben den Teichen stand: „Privat. Baden verboten."

Es war ein wunderschöner Frühsommertag. Direkt neben der Straße flog ein schwarzer Vogel auf. Caruso wollte hinterher.

Oskar hielt krampfhaft die Leine fest und stemmte sich mit beiden Beinen in den Boden. „Du bleibst hier!"

„Pssst."

Erstaunt schaute Oskar sich um. Auch Caruso hatte etwas gehört. Er spitzte die Ohren und legte den Kopf schief. Dann rannte er schwanzwedelnd zu einer riesigen Eiche. Oskar blieb gar nichts anderes übrig, als ebenfalls zu der Eiche zu rennen, weil Caruso ihn einfach hinter sich herzog. Da konnte er „Halt!" oder „Steh!" rufen, sooft er wollte, den Hund interessierte das kein bisschen.

Hinter dem Baum stand ein alter Mann. Sein schulterlanges, graues Haar wehte im Wind. Er trug Gummistiefel und eine grüne Strickjacke mit Löchern an den Ellenbogen. Wenn Oskar so recht darüber nachdachte, hatte er in seinem ganzen Leben noch keinen alten Mann mit so langen Haaren gesehen.

„Psst. Komm mal her." Der Alte winkte Oskar heran. „Ich hab dich gestern schon gesehen. Du darfst hier niemals deinen Hund frei laufen lassen. Hier ist alles vergiftet."

„Vergiftet?" Erstaunt schaute Oskar sich um. Konnte es sein, dass der Mann nicht ganz richtig im Kopf war? Vielleicht hatte er ja auch zu viel Schnaps getrunken. Auf jeden Fall schien er von seiner Aussage sehr überzeugt.

„Ja. Hier ist alles verseucht. Glaub mir. Siehst du die Gärtnerei?"

Oskar nickte. Die riesigen Gewächshäuser und die gelben Folientunnel waren nicht zu übersehen.

„Die spritzen Gift. In den Teichen gibt es keine Fische mehr, keine Kröten, keine Frösche – alles tot. Pass auf, dass dein Hund nicht daraus trinkt."

Hm. Wahrscheinlich war der Alte verrückt. Wenn hier alles vergiftet wäre, hätte Oskar bestimmt davon gehört. Und die Besitzer der Gärtnerei hätte man längst verhaftet. Überhaupt, auf einem großen Schild stand zu lesen: *Erdbeeren zum Selbstpflücken*. Das passte ja wohl nicht zu dem, was der Alte da erzählte.

Trotzdem sagte Oskar artig: „In Ordnung, ich werde darauf achten." Leuten, die nicht ganz richtig im Kopf waren, sollte man besser nicht widersprechen. Das hatte er mal irgendwo aufgeschnappt.

Der alte Mann schien erleichtert. „Gut. Versprich mir, dass du deinen Hund hier niemals frei laufen lässt." Er lief ein paar Schritte, dann blieb er stehen. „Siehst du das weiße Haus? Da wohne ich. Du kannst mich ja mal besuchen kommen. Mit dem

Hund. Bei mir kann er frei laufen. Auf meinem Grundstück ist die Umwelt nämlich noch in Ordnung."

„Mal sehen", sagte Oskar höflich. In Wahrheit hatte er bestimmt Besseres zu tun, als einen verdrehten alten Mann zu besuchen. „Ich muss jetzt weiter. Meine Mutter wartet mit dem Essen."

„Denk an den Hund", sagte der Alte zum Abschied. „Das ist doch ein Golden Retriever, stimmt's? Die lieben Wasser. Ehe du dichs versiehst, springt er in den Teich. Pass gut auf den Prachtkerl auf. Und noch was." Er kicherte. „Du musst ihn besser erziehen. Er hört ja gar nicht auf dich. Wenn du mich besuchen kommst, verrate ich dir, wie man das macht."

Nachdenklich ging Oskar weiter. Caruso gehorchte tatsächlich nicht besonders gut. Und da das Buch über Hundeerziehung immer noch verschwunden war, würde sich vorläufig auch nichts daran ändern.

Oskar blieb stehen und sagte streng: „Sitz!" Wie üblich interessierte das den Hund wenig. Auf Sitzen hatte er keine Lust. Viel lieber zog er Oskar weiter bis zur Gärtnerei.

Gartenbau Lehmann – Sommerblumen, Erdbeeren, Gurken, Tomaten und Salat aus eigenem Anbau stand auf einem großen Schild. Na bitte. Wenn hier wirklich alles vergiftet wäre, dürften die doch kein Gemüse verkaufen. Der alte Mann litt an Wahnvorstellungen, genau wie Oskar vermutet hatte. Dennoch ließ er den Hund vorsichtshalber nicht von der Leine.

Zu Hause war die Stimmung wieder besser. Die Kartons mit den Möbeln standen nicht mehr in der Auffahrt. Dietmar war damit beschäftigt, Oskars neuen Kleiderschrank zusammenzubauen.

Leider hatte sich in den letzten beiden Wochen herausgestellt, dass es mit Dietmars handwerklichen Fähigkeiten nicht weit her war. Vorgestern hatte er die Lampe im Badezimmer falsch angeschlossen. Es hatte einen lauten Knall gegeben und dann war es im Obergeschoss stockdunkel geworden. Die Sicherung war herausgeflogen. Gestern hatte Dietmar das Regal im Esszimmer schief angedübelt. Aber das mit dem Schrank würde er schon schaffen. Immerhin lag ja eine genaue Anleitung im Karton.

„Sieht gut aus, oder?" Dietmar klopfte gegen die Schranktür.

Oskar hielt die Luft an. Aber es passierte nichts. Der Schrank blieb stehen. Diesmal hatte Dietmar wohl alles richtig gemacht. „Katharina, willst du nicht mal gucken?"

Aus der Küche kam keine Antwort.

„Dann nicht." Dietmar grinste und zwinkerte Oskar zu. „Die ist immer noch sauer auf deinen Vater. Das gibt sich schon wieder."

Beim Abendessen erzählte Oskar, was er am Nachmittag erlebt hatte.

„Stimmt. Die Gärtnerei. Da hat meine Tante immer ihr Gemüse gekauft. Die verwenden bestimmt kein Gift. Tante Luise ist immerhin 87 geworden", meinte Dietmar.

Katharina Nusspickel wurde hellhörig. „Gemüse aus eigenem Anbau? Erdbeeren? Super. Bei Gelegenheit kannst du da ja mal einen Eimer für uns pflücken. Und wenn dir dieser komische alte Mann wieder begegnet, bleibst du nicht stehen. Hörst du? Auf gar keinen Fall besuchst du ihn in seinem Haus. Wer weiß, was mit dem nicht in Ordnung ist."

„Deine Mutter hat ganz recht. Menschen, die sich sonderbar benehmen, sollte man besser meiden. Geh nächstes Mal einfach weiter."

Oskar nickte gehorsam. Schließlich war Dietmar bei der Polizei. Der kannte sich mit solchen Dingen aus.

Nach dem Abendessen wollte Dietmar noch schnell Oskars neuen Nachttisch zusammenbauen. Zum Glück schaute Katharina zufällig in Oskars Zimmer und konnte mit einem lauten „Halt!" gerade noch verhindern, dass Dietmar die Löcher für den Griff der Schublade an einer völlig verkehrten Stelle bohrte. Als Handwerker war Dietmar wirklich eine Niete!

3. Ein Brathfisch oder ein Nusspickel?

Am nächsten Tag packte Oskar missmutig einen weiteren Karton aus. Er fand darin weder das vermisste Buch noch die Turnschuhe. Wütend trat er mit dem Fuß gegen den leeren Karton. Komisch, dass seine Mutter ausgerechnet in diesem Moment hereinkam, wohlgemerkt ohne vorher anzuklopfen.

„Spinnst du? Die Kartons sind nur geliehen!", schimpfte sie. Und dann beschwerte sie sich darüber, dass es bei Oskar so unordentlich aussah. Sehr witzig. Ein Turm aus noch nicht ausgepackten Umzugskartons, ein noch nicht zusammengebautes Bett, wie sollte man da Ordnung halten?

Oskar war wirklich froh, als er mit Caruso spazieren gehen konnte.

Der alte Mann stand wieder an der Eiche. So, als hätte er auf Oskar gewartet. „Da bist du ja wieder. Wie heißt du eigentlich?"

„Oskar." Den Nusspickel ließ Oskar lieber weg.

„Und wo wohnst du?"

„Hortensienstraße 28", kam es wie aus der Pistole geschossen.

„Das ist doch das Haus von Luise Brathfisch. Sie hat es an ihren Neffen Dietmar vererbt. Stimmt's?"

Oskar nickte. „Genau. Da wohne ich."

„So was. Ich wusste ja gar nicht, dass der Dietmar schon so einen großen Sohn hat." Er strubbelte Oskar durchs Haar. „Dann bist du also ein kleiner Brathfisch."

„Nö. Ein kleiner Nusspickel", erwiderte Oskar grinsend.

Das Lächeln verschwand aus dem Gesicht des alten Mannes. „Eines kannst du dir hinter die Ohren schreiben, junger Mann: Vorlaute Kinder kann ich nicht leiden. Zu meiner Zeit hätten Kinder niemals gewagt, einen älteren Menschen auf den Arm zu nehmen."

„Ich heiße wirklich Oskar Nusspickel. Auch wenn es sich blöd anhört."

„Oskar Nusspickel. Soso. Das ist allerdings ein ungewöhnlicher Name." Der Alte kraulte sein Kinn. „Nimm es mir nicht übel, aber ich dachte, dass du mich veräppeln willst. Nun gut. Dann will ich dir den Nusspickel mal glauben. Und wieso wohnst du bei Dietmar?"

„Er ist der Freund meiner Mutter. Und Caruso gehört ihm."

„Ein feiner Hund. Nur ein bisschen wild und schlecht erzogen. Wenn wir beide uns unterhalten, muss er eigentlich ganz ruhig neben dir sitzen und warten. Pass mal auf!" Er nahm Oskar die Leine aus der Hand, stellte sich neben den Hund und sagte laut: „Sitz!" Als Caruso nicht reagierte, drückte er das Hinterteil des Hundes nach unten, bis Caruso tatsächlich saß. Dann lobte er ihn: „Feiner Hund. Brav." Als Caruso aufspringen wollte, drückte er sein Hinterteil wieder auf den Boden. Irgendwann blieb Caruso tatsächlich sitzen.

„So. Du musst immer konsequent sein und darfst nie nachgeben. Wenn du ‚Sitz!' sagst, muss der Hund sitzen. Und wenn du hundertmal nachhelfen musst. Beim hundertundersten Mal hat er es vielleicht begriffen." Er wühlte in der Tasche seiner grünen Strickjacke und holte etwas hervor, das er Caruso ins Maul stopfte.

Für einen Moment kam Oskars Herz ins Stolpern. Vielleicht war der Alte wirklich verrückt. Und soeben hatte er Caruso vergiftet. Direkt vor Oskars Augen.

„Was war das?", fragte er atemlos.

„Ein Hundekeks. Die kann man überall kaufen. Ich habe meine Hunde immer mit kleinen Leckereien erzogen. Wenn sie brav waren und alles richtig gemacht haben, gab es einen Keks. Hier!" Er stopfte Oskar ein paar Hundekekse in die Hosentasche. „Das übst du jetzt auf dem Heimweg. Wenn

Caruso brav sitzt, kriegt er eine Belohnung. Aber nur einen Keks, nicht mehr! Du denkst doch noch daran, dass er auf gar keinen Fall zu den Teichen darf?"

Oskar nickte.

„Gut. Dann grüße den Dietmar mal schön von Onkel Justus. Er kann sich bestimmt an mich erinnern."

4. Dietmar erinnert sich

„Onkel Justus? Echt? Den hab ich ja seit Ewigkeiten nicht mehr gesehen. Sieht er immer noch so verlottert aus?"

Oskar nickte.

„Eigentlich heißt er ja Justus von Hagen, aber wir haben immer Onkel Justus zu ihm gesagt. Ihm gehört das ganze Land am Resedaweg. Die Gärtnerei übrigens auch. So viel ich weiß, hat er den Betrieb vor zehn Jahren verpachtet. Gibt es noch den kleinen Wald und die beiden Teiche? Sieht ziemlich wild aus, oder? Onkel Justus lässt einfach alles verwildern und sagt, das sei ein Biotop." Dietmar strahlte über das ganze Gesicht. „Grüß ihn schön von mir. Wenn ich mal Zeit habe, werde ich ihn besuchen. Er ist ein ganz netter Mann."

„Gestern hast du gesagt, dass ich sonderbare Menschen meiden soll", fiel Oskar ein.

Dietmar winkte ab. „Sollst du ja auch. Aber da wusste ich noch nicht, dass du von Onkel Justus redest. Klar, der ist ein bisschen komisch. Aber ganz bestimmt nicht verrückt. Er hat eben so einen Naturschutztick. Den hatte er schon vor dreißig Jahren. Ganz harmlos, Liebling." Er griff nach Katharina Nusspickels Hand. „Bei Onkel Justus kann Oskar nichts passieren. Höchstens, dass er Kräutertee trinken muss. Ohne Zucker."

„Bäh!", Oskar griff sich an den Hals. „Dann besuche ich Onkel Justus auf gar keinen Fall."

Dietmar Brathfisch lachte schallend. „Das hältst du schon aus. Ich musste als Junge auch so manchen Pfefferminztee ohne Zucker runterwürgen. Aber sonst ist Onkel Justus ganz in Ordnung. Er spinnt nur ein bisschen, wenn es um Umweltschutz und gesunde Ernährung geht." Er tippte sich vielsagend gegen die Stirn.

Das hätte er besser nicht getan. Katharina Nusspickel legte nämlich ebenfalls sehr großen Wert auf gesunde Ernährung. Sie hatte dazu sogar mehrere Kurse bei der Volkshochschule besucht. Und seither versuchte sie ihren Sohn – und neuerdings auch Dietmar Brathfisch – von den Vorzügen vollwertiger Ernährung zu überzeugen. Im Moment allerdings hatte sie ihr Lieblingskochbuch noch nicht wiedergefunden. Nun, Oskar war darüber nicht traurig. Er konnte auf Dinkelbratlinge und Grünkernsuppe gut verzichten. Wenn es nach ihm ging, konnte das Buch mit den schrecklichen Rezepten gern für immer verschwunden bleiben.

Katharina Nusspickel sah Dietmar scharf von der Seite an: „Wie darf ich das verstehen? Soll das heißen, dass jeder, der sich Gedanken um seine Ernährung macht, verrückt ist?"

Augenblicklich erkannte Dietmar seinen Fehler: „Nein, Liebling, um Himmels willen. Du hast mich völlig missverstanden", versicherte er. „So habe ich das nicht gemeint."

„Wie dann?"

Ja, das hätte Oskar auch gern gewusst. Er war sehr gespannt, wie Dietmar sich jetzt herausreden würde.

„Ich meinte ..., also ... Onkel Justus, ja ..., der erntet Brennnesseln und kocht daraus Suppe. Brennnesseln, Liebling! Dieses Unkraut, das überall im Garten wuchert! Das ist doch seltsam, oder?" Kleinlaut schaute Dietmar Brathfisch seine Freundin an.

Die war allerdings nicht so leicht zu besänftigen. „Ich könnte dir jetzt aufzählen, welche lebenswichtigen Vitamine und Mineralien gerade in Brennnesseln stecken. Aber das kann ich mir wohl sparen."

Es half nichts, dass Dietmar Brathfisch beteuerte, Brennnesseln würden ihn wahnsinnig interessieren. Nicht einmal, dass er seine Freundin darum bat, gleich morgen eine Brennnesselsuppe zu kochen, konnte sie beschwichtigen. Oskars Mutter war beleidigt.

„Du kannst dich ja gern wieder bei McDonald's ernähren. So wie in der Zeit, bevor wir uns kannten. Mein Sohn und ich", sie tätschelte Oskars Hand, „legen Wert darauf, uns gesund zu ernähren ohne dabei die Umwelt zu belasten."

In einer anderen Situation hätte Oskar jetzt lautstark protestiert. Aber in diesem Fall war es Ehrensache, dass er zu seiner Mutter hielt. Das mit den Brennnesseln hatte sie ja hoffentlich nicht ernst gemeint. Dieses Teufelskraut würde Oskar jedenfalls nicht essen – nicht einmal seiner Mutter zuliebe.

„Ich baue dann mal Oskars neues Bett auf." Dietmar verschwand im Obergeschoss.

Nach einer halben Stunde hörten sie von oben ein fröhliches Rufen: „Fertig! Ihr könnt kommen."

„So schnell?", wunderte sich Oskar.

Seine Mutter zuckte mit den Schultern. „Das ist zu schaffen. Ein Bett lässt sich relativ problemlos aufbauen. Es besteht ja nur aus wenigen Einzelteilen."

Mit verschränkten Armen blieb sie in der Tür stehen und sagte: „Sieht ja ganz gut aus. Wenigstens hat Lothar auf gute Qualität geachtet."

Tatsächlich sahen die neuen Möbel schick aus, ganz schlicht und richtig erwachsen.

„Achtung, ich komme!", schrie Oskar, nahm Anlauf und ließ sich mit weit ausgebreiteten Armen auf das neue Bett fallen. Zuerst machte es *knirsch*, dann *knacks* und dann senkte sich das Kopfende des Bettes auf einer Seite bedenklich nach unten.

„Tolle Qualität, wirklich", murmelte Oskar. Mit angehaltenem Atem krabbelte er rückwärts aus dem Bett. Ganz vorsichtig, damit nicht noch mehr kaputtging.

Seine Mutter kniete bereits auf dem Fußboden und beäugte misstrauisch den Schaden. Sie brach in lautes Gelächter aus.

„Na, du bist mir ein Handwerker. Das kann ja nicht halten!" Sie zeigte auf den Bettpfosten, an dem noch die Plastiktüte mit den Schrauben klebte.

Dietmar wurde knallrot. „Hab ich wohl in der Eile vergessen." Kleinlaut griff er nach der Werkzeugkiste.

Mutter und Sohn Nusspickel grinsten sich an.

5. Agnieszka

Am Sonntag packte Oskar gleich nach dem Frühstück zwei Kartons aus. Sie enthielten alles Mögliche – darunter das vermisste Buch über Hundeerziehung – nur die Turnschuhe nicht. Es war doch nicht zu glauben: Das Buch, das er dank Justus von Hagen gar nicht mehr brauchte, tauchte auf, aber die Schuhe, die er bis Dienstag finden musste, blieben verschwunden. Sollte er noch einen Karton auspacken? Nein, dazu hatte er keine Lust. Caruso wartete ja auch schon ungeduldig auf seinen Spaziergang. Außerdem hatte Oskar einen dringenden Auftrag zu erledigen: Er sollte in der Gärtnerei den Preis der Erdbeeren erfragen. Sonntags war dort nur von zehn bis zwölf Uhr geöffnet. Er musste sich also beeilen.

Wenig später spazierten Oskar und Caruso in Richtung Gärtnerei. Am Resedaweg zerrte der Hund an der Leine und zog Oskar zielstrebig zu der riesigen Eiche. Justus von Hagen war allerdings nicht zu sehen, was den Hund zu irritieren schien.

Oskar war es nur recht. So lief der Hund wenigstens freiwillig mit zur Gärtnerei. Ein Schild an der Ladentür verbot Hunden den Zutritt. Deshalb band Oskar Caruso draußen an und schickte ein Stoßgebet zum Himmel: Hoffentlich riss Caruso sich nicht los. Hoffentlich sprang er keine Leute an, die ihn streicheln wollten. Hoffentlich benahm er sich dieses eine Mal so brav, wie er aussah.

Drinnen war nichts los. Die Frau hinter dem Ladentisch war damit beschäftigt, einen Blumenstrauß zu binden. Oskar erkundigte sich nach dem Preis der Erdbeeren. Die Frau sah gar nicht hoch.

„Wenn du selbst pflückst, kosten sie ein Euro zwanzig das Pfund. Gepflückte Erdbeeren kosten zwei Euro."

„Danke. Ich werde es meiner Mutter ausrichten."

Als Oskar aus dem Laden kam, stand ein Mädchen bei Caruso. Sie musste ungefähr in Oskars Alter sein. Ihre Haare waren zu einem dicken, blonden Zopf geflochten.

Das Mädchen streichelte den Hund, der davon sichtlich begeistert war. Welch ein Glück: Schwarze Pfotenabdrücke waren an ihrer Kleidung nicht zu entdecken. Oskar atmete auf.

„Hallo, ist das dein Hund? Sehr hübsch!" Sie sprach ein bisschen komisch. Oskar war gleich klar, dass sie nicht aus Deutschland kam.

„Das ist Caruso."

„Ah. Caruso." Sie rollte das r. „Hübscher Name für hübschen Hund." Sie lachte über das ganze Gesicht. „Ich bin Agnieszka."

Was blieb Oskar anderes übrig, als sich ebenfalls vorzustellen? „Oskar." Den Nusspickel ließ er erst einmal weg.

„Du gehst mit Hund spazieren?"

Oskar nickte.

„Ich darf mitgehen? Ist mir so langweilig. Meine Mutter arbeitet dort. Schwere Arbeit", sagte das Mädchen und zeigte zu dem Erdbeerfeld, wo mehrere Frauen in gebückter Haltung durch die Reihen gingen.

Oskar nickte ein weiteres Mal.

Eine Weile liefen sie schweigend nebeneinander her. Oskar zermarterte sich das Hirn. Gar zu gern hätte er was Kluges gesagt, aber es fiel ihm einfach nichts Passendes ein.

„Morgen pflücke ich auch Erdbeeren", sagte er schließlich. „Für meine Mutter. Sie will Marmelade kochen."

„Ich kann dir helfen. Ich bin immer hier." Wenn Agnieszka lächelte, sah man eine winzige Lücke zwischen ihren beiden Schneidezähnen. Oskar musste immer hinschauen. Es sah so nett aus, so freundlich.

Leider benahm sich Caruso nicht gerade vorbildlich. Er zerrte ungestüm an der Leine und zwang

Oskar damit, ständig die Straßenseite zu wechseln. Es war zu peinlich, im Zickzack über die Straße zu rennen. Unterhalten konnte man sich dabei auch nicht richtig. Einmal sprang der Hund Oskar an und schubste ihn beinahe um.

Agnieszka lachte schallend. „Nicht gut erzogen, dein Caruso."

6. Eine Lüge
und mühsam gepflückte Erdbeeren

Die neue Woche begann furchtbar langweilig: Um die Zeit rumzukriegen, blieb Oskar nichts anderes übrig, als während des Unterrichts mit Fabio Zettel zu tauschen.

Oskar schrieb: *Ich habe einen verrückten Alten kennengelernt.*

Fabio antwortete sofort: *Woher weißt du, dass er verrückt ist?*

Oskar erklärte: *Er quatscht mich immer an. Angeblich ist am Resedaweg alles vergiftet.*

Jetzt war Fabio neugierig geworden. Interessiert erkundigte er sich: *Hört sich spannend an. Kann ich heute zu dir kommen? Ich will den Verrückten auch mal sehen.*

An dieser Stelle griff eine Hand mit rosa lackierten Fingernägeln nach dem Zettel. Es war die Hand von Frau Mertens, ihrer Klassenlehrerin.

„Verrückt schreibt man mit zwei r", sagte sie unfreundlich. Und dann fügte sie hinzu: „Falls du heute deinen Freund Oskar besuchen willst, musst du dich ranhalten, Fabio. Weil du nämlich zwei Seiten Strafarbeit aufbekommst. Und Oskar auch. Den Text dürft ihr euch selbst aussuchen. Und noch was", sie sah Oskar streng an. „Morgen haben wir Sport. Denk an deine Turnschuhe."

In der Pause behauptete Oskar, dass er nachmittags keine Zeit habe. Beim Erdbeerenpflücken mit Agnieszka konnte er Fabio nicht brauchen. Er hatte trotzdem ein schlechtes Gewissen. So richtig angelogen hatte er seinen besten Freund noch nie.

„Tut mir echt leid. Wir sind noch lange nicht mit Auspacken fertig. Ich suche immer noch meine Turnschuhe. Du hast ja gehört, was die Mertens gesagt hat." Das entsprach immerhin der Wahrheit.

Fabio war enttäuscht. „Schade. Und wie ist es morgen?"

Oskar zuckte mit den Schultern. „Mal sehen."

Den Hund ließ Oskar zu Hause. Er wollte sich auf gar keinen Fall noch einmal vor Agnieszka blamieren. Vermutlich würde Caruso durch die Erdbeerfelder rasen, überall Löcher buddeln, alle Leute anspringen, alle Eimer umkippen – und Oskar würde ständig „Aus! Platz! Hierher!" rufen, vergeblich natürlich. Nein, darauf konnte er wirklich gut verzichten.

Als er Caruso winselnd neben der Haustür hocken und sehnsüchtig zu der roten Lederleine starren sah, tat ihm der Hund allerdings schon wieder leid. Seit sie hier wohnten, war es noch nie vorgekommen, dass Oskar nachmittags ohne ihn fortging.

„Heute nicht", sagte Oskar entschieden. „Erst musst du lernen, aufs Wort zu gehorchen. Sitz!" Augenblicklich hockte der Hund sich neben die Haustür. Das sollte wohl heißen: „Ich kann ganz lieb sein und gehorchen."

Oskar kramte einen Hundekeks aus seiner Hosentasche. „Hier. Braver Hund. Aber ich nehme dich trotzdem nicht mit." Er griff nach dem Eimer, den er schon bereitgestellt hatte, und schloss die Haustür ganz schnell, damit er Carusos traurigen Blick nicht mehr sehen musste.

Neben dem Erdbeerfeld stand ein Tisch mit einer Waage. Dort saß eine ältere, schlecht gelaunte Frau, die den Leuten bestimmte Reihen zum Erdbeerpflücken zuteilte.

Agnieszka war nirgends zu sehen. Einen kurzen Moment lang dachte Oskar daran, die Frau nach Agnieszka zu fragen. Aber sie war so unfreundlich, dass er sich nicht traute.

Die Frau schickte Oskar ganz ans andere Ende des Feldes. Er hatte den weitesten Weg von allen – ungerecht! Und dann rief sie ihm noch laut hinterher, dass Naschen verboten sei. Alle Leute blickten auf und schauten Oskar an – peinlich!

Eines musste man zugeben: Erdbeeren gab es hier in Hülle und Fülle. Leuchtend rot und saftig hingen sie an den Sträuchern, sodass einem das Wasser im Mund zusammenlief. Aber hier war Naschen ja verboten. Klar, die Beeren, die im Mund und nicht im Eimer landeten, wurden nicht gewogen und damit nicht bezahlt.

Oskar zupfte ein paar Früchte ab und legte sie vorsichtig in den Eimer. Sie bedeckten nicht einmal ein Viertel des Bodens. Oje, und er sollte den ganzen Eimer mit Erdbeeren füllen! Das konnte ja ewig dauern.

Seufzend machte er sich daran, weitere Beeren zu pflücken. Bereits nach zehn Minuten hatte er keine Lust mehr. So mühsam hatte er sich das Ganze nicht vorgestellt. Das war ja echte Arbeit! Schlimmer als Kartons auspacken, und das wollte was heißen!

Auf einmal stand Agnieszka neben ihm: „Da bin ich. Musste einkaufen noch für meine Mama." Sie bückte sich und begann, die roten Beeren in einer Geschwindigkeit von den Stängeln zu zupfen, dass Oskar nur staunen konnte. Während er selbst eine Beere nach der anderen einzeln in den Eimer legte, pflückte Agnieszka eine Hand voll und warf sie blitzschnell hinein.

„Mensch, bist du schnell", entfuhr es Oskar.

Agnieszka lachte. „Ich helfe meiner Mutter oft. Sonst mir ist langweilig hier."

„Gehst du nicht zur Schule?", wunderte sich Oskar.

„Doch. Aber in Polen ich habe jetzt Ferien. So ich fahre mit meiner Mutter nach Deutschland. Wenn Schule, ich lebe bei meiner *babcia*." Als Oskar sie verständnislos anstarrte, sagte sie schnell: „Großmutter. Wenn meine Mutter arbeitet in Deutschland, ich bin bei meiner Großmutter."

„Und warum arbeitet deine Mutter in Deutschland, wenn ihr in Polen wohnt?", wollte Oskar jetzt wissen.

„Weil man hier viel Geld verdienen kann. Das ist gut. Und jetzt weitermachen." Agnieszka bückte sich wieder und pflückte Erdbeeren. Oskar musste sich sehr anstrengen, damit es nicht so aussah, als würde nur das Mädchen arbeiten.

„Morgen du kommst wieder? Mit Caruso? Wir können spazieren gehen."

Oskar nickte. „Klar." Für Fabio würde ihm schon eine Ausrede einfallen.

Auf dem Heimweg stand Justus von Hagen wieder an der Eiche. Er starrte misstrauisch auf Oskars gefüllten Eimer.

„Hast du etwa bei denen Erdbeeren gepflückt? Ich hab dir doch gesagt, dass hier alles vergiftet ist. Schmeiß das Zeug am besten gleich weg. Das kann man nicht essen. Schade, dass ich keinen Obstgarten mehr habe. Dann würde ich dir beweisen, dass ungespritzte Erdbeeren tausendmal besser schmecken als der Mist in deinem Eimer."

Unwillkürlich trat Oskar einen Schritt zurück. Wenn der Alte ihm die Beeren wegnehmen wollte, würde er losrennen. Schließlich hatte er fast eine halbe Stunde in gebückter Haltung verbracht, um den Eimer zu füllen.

Am Abend war Katharina Nusspickel bestens gelaunt. Sie hatte den Tisch auf der Terrasse gedeckt und es gab eine große Schüssel Erdbeeren mit Schlagsahne.

„Ist das nicht herrlich, Oskar? Ein eigener Garten mit einer Südterrasse und frisch gepflückte Erdbeeren – wie im Urlaub." Schwärmerisch verdrehte sie die Augen. „Ach, übrigens: Vorhin habe ich endlich Lothar erreicht. Er hat eingesehen, dass es so nicht geht. In Zukunft wird er dir keine großen Geschenke mehr machen, ohne dass er vorher mit mir darüber spricht."

Für Oskar waren das keine guten Neuigkeiten. Da half auch keine Südterrasse.

„Na toll. Ich geh dann jetzt ins Bett", verkündete er. „Ich muss morgen ja schon wieder zur Schule."

Auf der Treppe fiel ihm ein, dass er seine Turnschuhe immer noch nicht gefunden hatte. Zu spät – jetzt war Schlafenszeit.

7. Jessica verdirbt alles

Abgesehen vom erneuten Ärger wegen der fehlenden Turnschuhe verlief der nächste Schultag ganz angenehm. Vielleicht lag es ja daran, dass Oskar sich so auf den Spaziergang mit Agnieszka freute. Fabio erzählte er wieder, dass er keine Zeit habe.

„Ich muss meine Turnschuhe suchen."

Als er um Punkt drei Uhr mit Caruso zur Gärtnerei Lehmann spazierte, sah er Agnieszka schon von Weitem. Neben ihr stand ein Mädchen, das Oskar sehr gut kannte: Jessica.

Ausgerechnet Jessica. Fast alle Mädchen aus seiner Klasse hätten dort stehen können und es wäre ihm ganz egal gewesen. Aber nicht Jessica! Sie und ihre Freundin Marina waren sozusagen Oskars „Mit-Detektivinnen".

Oskar, Fabio und die beiden Mädchen hatten gemeinsam schon mehrere knifflige Fälle gelöst.

Aber wenn es gerade nichts zu ermitteln gab – und im Moment gab es nichts zu ermitteln –, wollte Oskar mit den beiden Kichererbsen nichts zu tun haben. Er fand sie albern und außerdem nervte es ihn, dass sie immer alles besser wussten. Vor allem Jessica spielte sich ständig als Oberlehrerin auf.

Wo war eigentlich Marina? Wenn Oskar so recht darüber nachdachte, hatte er Jessica noch nie ohne ihre Freundin gesehen. Normalerweise waren die beiden Mädchen unzertrennlich.

„Was machst du denn hier?", fragte er Jessica unfreundlich.

„Hallo, Oskar. Ich besuche meine Freundin Agnieszka."

„Ach? Ich dachte, Marina ist deine Freundin."

„Ist sie ja auch. Man kann doch mehrere Freundinnen haben, oder nicht? Marina ist heute beim Zahnarzt, deshalb besuche ich Agnieszka." Jessica bückte sich und kraulte Carusos Kopf. „Willst du den Hund ausführen? Dann lass dich nicht aufhalten. Tschüss, Nusspickel."

Was bildete die sich eigentlich ein?

„Ich hab's nicht eilig." Oskar sah den Hund an und sagte: „Sitz!"

Caruso gehorchte sofort und bekam zu Belohnung einen Hundekeks. Zufrieden hockte Oskar sich neben Caruso auf den Boden. Er hatte Zeit. Irgendwann würde Jessica schon nach Hause gehen.

„Schönes Wetter heute, was? Keine einzige Wolke am Himmel."

„Ja, wirklich sehr schönes Wetter. Da würde ich an deiner Stelle mit dem Hund weitergehen, bevor er sich langweilt. Das ist nicht gut für Hunde." Jessica zog ihre Mundwinkel nach oben. Es sollte wohl ein Lächeln werden. Aber sie sah mehr wie ein Haifisch aus, der jeden Moment zuschnappen wollte.

„Das ist mein Hund", sagte Oskar düster. „Und was für den gut ist und was nicht, bestimme ich."

Agnieszka schaute kichernd erst Oskar und dann Jessica an: „Oskar und ich wollen mit Caruso spazieren gehen. Wir haben eine Verabredung."

Oh, wie konnte sie das nur verraten? Oskar spürte, dass seine Wangen sich knallrot färbten. Ihm wurde so heiß, dass seine Haut prickelte. Wenn Jessica das mit der Verabredung morgen in der Schule herumposaunte, würde garantiert auch Fabio davon erfahren. Und dem hatte er was von Umzugskartons auspacken vorgeschwindelt ... Was für ein Mist!

Jetzt lud Agnieszka Jessica auch noch zum Spaziergang ein. Und die – das muss man sich mal vorstellen – ging wirklich mit!

Das einzig Gute an dem Spaziergang war, dass Caruso fast jedes Mal gehorchte, wenn Oskar „Sitz!" sagte.

Ansonsten unterhielten sich die beiden Mädchen blendend, während Oskar und Caruso mit hängenden Köpfen hinterhertrotteten. Diesen Nachmittag hatte Oskar sich vollkommen anders vorgestellt!

8. Justus von Hagen erzählt

Wie nicht anders zu erwarten, reagierte Fabio am nächsten Tag ziemlich sauer, als er von Oskars Verabredung hörte. Oskar musste sich ganz schön anstrengen, um ihn zu besänftigen.

„Wir können ja heute mit Caruso spazieren gehen. Und dann zeige ich dir den alten Mann. Er ist aber nicht wirklich verrückt, sagt Dietmar. Nur ein bisschen sonderbar."

„Woher will Dietmar das wissen?"

„Er kennt ihn von früher. Also, was ist? Holst du mich um drei Uhr ab?"

Fabio zierte sich ein wenig, was Oskar gut verstehen konnte. Aber dann willigte er doch ein. „Okay. Vielleicht sehe ich ja dann auch einmal deine neue Freundin."

„Ich habe keine Freundin", sagte Oskar verärgert. „Du weißt doch, was ich von Mädchen halte: Nichts! Agnieszka habe ich ganz zufällig kennengelernt."

Leider färbten sich seine Wangen rosarot, ganz gegen seinen Willen.

Fabio grinste. „Klar, ganz zufällig. Und eigentlich kannst du sie nicht ausstehen."

„Das nun auch wieder nicht", musste Oskar zugeben. „Sie ist ganz nett."

Als Fabio um drei Uhr klingelte, hatte er einen Einkaufskorb dabei. „Meine Mutter will, dass ich Erdbeeren kaufe."

„Kaufen oder pflücken?", wollte Oskar gleich wissen.

Als Fabio „kaufen" sagte, atmete er erleichtert auf.

„Klasse. Pflücken dauert nämlich ewig. Man muss sich die ganze Zeit bücken. Das ist 'ne richtige Weiberarbeit. Nichts für uns."

„Hab ich mir gedacht."

Oskar nahm den aufgeregten Caruso an die Leine. Dann marschierten sie los.

Wie erhofft stand Justus von Hagen an der alten Eiche. Er blinzelte Oskar zu.

„Guten Tag, junger Mann." Dann musterte er Fabio neugierig. „Bist du auch ein kleiner Nusspickel?"

Der prustete los. „Nee, ganz bestimmt nicht. Ich bin Fabio, Oskars Freund. Wir wollen Erdbeeren kaufen."

„Etwa bei denen? Ich hab dir doch gesagt, dass du dort nichts kaufen sollst." Justus von Hagen schaute Oskar strafend an.

Der zuckte mit den Schultern. „Aber meiner Mutter haben die Erdbeeren geschmeckt. Und die hat echt Ahnung von gesunder Ernährung. Sie besucht manchmal Kurse bei der Volkshochschule."

„Und hinterher gibt es bei Nusspickels nur noch Körner und Grünfutter", feixte Fabio.

Das schien den Alten nicht zu überzeugen. „Viel lernt man da wohl nicht. Sonst wüsste sie, dass man Gift nicht schmecken kann. Es lagert sich auf die Dauer trotzdem im Körper ab. Und irgendwann wird man krank."

„Gift?", wunderte sich Fabio. „Was für ein Gift denn?"

„Pestizide, Herbizide, Insektizide und Fungizide. Kunstdünger gehört meiner Meinung nach auch dazu. Ihr glaubt gar nicht, was die hier alles auf die Erdbeeren gespritzt haben. Die können jetzt wochenlang im Regen stehen, ohne dass die Früchte schimmeln. Das ist gegen die Natur, Kinder." Er zeigte in Richtung der Gewächshäuser und Folientunnel. „Wenn ihr mich fragt, ist längst nicht alles erlaubt, was die da drüben spritzen. Es gibt nämlich Mittel, die so giftig sind, dass man sie bei uns gar nicht mehr verwenden darf. Aber heutzutage kann man so was ja problemlos übers Internet bestellen."

Die beiden Jungen schauten sich an. Oskar grinste triumphierend. Unauffällig tippte er sich gegen die Stirn. Dann warf er einen Blick auf seine Armbanduhr.

„Wir müssen leider weiter. Auf Wiedersehen. Ach ja, schöne Grüße von Dietmar soll ich noch bestellen." Er zog Caruso weiter.

„Pestizide?", kicherte Fabio. „Kriegt man davon die Pest?"

„Bestimmt. Und wenn man Insektizide schluckt, verwandelt man sich in ein Insekt. Zum Beispiel in eine Fliege", fiel Oskar ein. „Na, hab ich zu viel versprochen? Der Typ ist total verrückt, oder?"

Die beiden lachten sich schier kaputt.

Frau Lehmann stand vor dem Geschäft und goss die Blumen, die dort zum Verkauf standen.

„Hat der alte Querulant euch auch erzählt, dass hier alles vergiftet ist?"

„Ja, aber wir glauben ihm nicht", sagte Oskar.

Frau Lehmann seufzte. „Wir wollten ihn schon bei der Polizei anzeigen. Wegen übler Nachrede. Aber die sagen, dass es keinen Sinn macht, einen so alten Mann anzuklagen. Das Verfahren würde sowieso eingestellt werden. Ist das nicht unglaublich? Er schädigt unseren Ruf und es kann ihm nichts passieren. Wenn man mich fragt, gehört der ins Altenheim. Seht ihr den Urwald da drüben? Das ist sein Grundstück. Er lässt alles verkommen und die Unkrautsamen wehen zu uns rüber. Dagegen können wir uns nicht mal wehren, denn er ist ja der Eigentümer. Und wir sind nur die Pächter. Am liebsten würde der Alte uns wieder vor die Tür setzen. Aber das ist nicht so einfach, wie er sich das vorstellt. Wir haben schließlich einen rechtsgültigen Pachtvertrag." Sie schnaufte. „Wenn wir gewusst hätten, dass der uns so viel Ärger macht, hätten wir uns einen anderen Betrieb ausgesucht. Vergrößern können wir auch nicht. Der alte Spinner gibt keinen Quadratzentimeter mehr von seinem Grundstück ab. Lieber lässt er alles verkommen. Wenn wir das gewusst hätten ...", wiederholte sie noch einmal eindringlich.

„Warum pachten Sie dann nicht einen anderen Betrieb?", wollte Oskar wissen.

Frau Lehmann schüttelte verärgert den Kopf. „Hast du eine Ahnung, wie viel Geld wir hier schon investiert haben? Hier war ja praktisch nichts. Nur alte, verrottete Gewächshäuser aus Glas, nicht beheizbar. Wir mussten alles abreißen und die Gewächshäuser und Folientunnel kaufen. Das Geld kriegen wir doch nie wieder raus. Nee, wir bleiben, da kann der Alte sich auf den Kopf stellen. Wenigstens hat er keine Erben. Ich vermute, dass er alles der Stadt vermacht. Dann können wir hoffentlich noch ein paar Quadratmeter dazukaufen. Aber so einer lebt ewig, das sollt ihr sehen."

Schließlich kaufte Fabio ein Kilo Erdbeeren und sie machten sich wieder auf den Heimweg.

9. Eine schlimme Geschichte

Unterwegs wollte Fabio Caruso von der Leine lassen. „Er kann ruhig frei laufen. Hier ist doch kein Autoverkehr."

Oskar schüttelte den Kopf. „Kommt gar nicht in Frage."

„Aber Hunde müssen sich mal austoben. Caruso ist noch jung, der braucht Bewegung."

„Nicht hier", sagte Oskar entschieden. „Golden Retriever lieben Wasser. Ehe du dichs versiehst, ist er in einen der beiden Teiche gesprungen."

„Na und? Ist doch egal."

„Eben nicht. Wer weiß, ob Caruso nicht von dem Wasser krank wird. Nöö, man muss ja kein unnötiges Risiko eingehen, finde ich. Justus von Hagen hat gesagt, das Wasser ist vergiftet."

„Der spinnt doch. Hast du selbst behauptet."

„Er spinnt höchstwahrscheinlich. Aber wenn nicht?"

Nachdenklich betrachtete Fabio das Obst im Einkaufskorb, den Oskar gerade trug. Dann griff er nach einer Erdbeere und stopfte sie sich in den Mund.

„Hey, die muss man vorher waschen", tadelte Oskar.

„Glaubst du im Ernst, dass die vergiftete Ware verkaufen? So ein Quatsch." Zur Bekräftigung ließ Fabio eine weitere Erdbeere in seinem Mund verschwinden.

Fabio lief ein paar Schritte, dann stockte er, stieß ein lautes Stöhnen aus und keuchte: „Mist, ich krieg keine Luft mehr. Gift! Der alte Justus hatte recht!" Fabio schwankte, fiel auf die Knie und griff sich an die Kehle.

Entsetzt ließ Oskar den Korb fallen. Ein paar Erdbeeren kullerten über die Straße. Aber das war jetzt egal. Er musste sich um Fabio kümmern. Was sollte er zuerst tun? Mund-zu-Mund-Beatmung machen, einen Krankenwagen holen oder einfach nur zurück zur Gärtnerei laufen? Und was sollte er solange mit Caruso anfangen? Wenn Fabio gerade erstickte, konnte er dabei wohl schlecht den Hund an der Leine halten. Und wenn hier wirklich alles vergiftet war, konnte er das Tier auch nicht frei laufen lassen.

Gerade als Oskar Caruso an den nächsten Baum binden wollte, brach Fabio in brüllendes Gelächter aus.

„Du glaubst auch alles! Hey, mir geht es bestens. Die Erdbeeren sind prima. Gib mir noch eine."

„Blödmann!", schimpfte Oskar. „Mit so etwas scherzt man nicht!" Wütend warf er die verstreuten Erdbeeren zurück in den Korb. Insgeheim war er allerdings erleichtert, dass Fabio nichts fehlte.

Die beiden liefen eine Weile schweigend nebeneinander her. Oskar hatte beschlossen, erst einmal beleidigt zu sein. Da bog ein Rettungswagen mit Blaulicht und Martinshorn in den Resedaweg ein. Er raste an den Jungen vorbei. Die beiden wechselten einen kurzen Blick, drehten sich um und rannten dann zurück.

„Da ist was in der Gärtnerei passiert", keuchte Oskar. Beim Laufen flogen die Erdbeeren im Einkaufskorb hin und her.

„Logisch. Sonst kommen hier ja keine Häuser mehr." Laufen und gleichzeitig reden fiel Fabio sichtlich schwer. Man konnte ihn kaum verstehen.

Der Einzige, dem das Rennen anscheinend gar nichts ausmachte, war Caruso. Er machte Riesensätze, bellte und wedelte mit dem Schwanz – alles gleichzeitig.

Der Rettungswagen hielt tatsächlich vor der Gärtnerei Lehmann. Zwei Sanitäter sprangen heraus, holten eine Trage aus dem Wagen und hasteten damit zu den Gewächshäusern.

Oskar, Fabio und der Hund hockten sich auf die andere Straßenseite, mitten ins ungemähte Gras.

Mühsam rang Fabio nach Atem. „Wir warten. Irgendwann müssen die ja dort drüben wieder rauskommen."

Tatsächlich dauerte es etwa zehn Minuten, bis die Sanitäter zurückkehrten. Auf der Trage lag eine Frau. Sie sah schrecklich blass aus. Anscheinend war sie nicht bei Bewusstsein. Neben der Trage liefen Frau Lehmann – und Agnieszka! Sie schluchzte bitterlich: „Mama, *mamusia* ..."

Frau Lehmann legte ihren Arm um Agnieszkas Schultern. „Das wird schon wieder, Kleine. Mach dir mal keine Sorgen."

Die Sanitäter schoben die Trage in den Rettungswagen. Oskar hörte einen von ihnen sagen: „Unverantwortlich ... schon das zweite Mal ... akute Vergiftung!" Dann knallten sie die Türen zu, sprangen in den Wagen und fuhren mit quietschenden Reifen davon. Frau Lehmann schaute dem Rettungswagen hinterher.

„Was ist denn passiert?", fragte Oskar.

„Sei nicht so neugierig. Da ist jemandem schlecht geworden. Kein Wunder, in den Gewächshäusern ist es sehr heiß." Sie verschwand im Laden und zog die weinende Agnieszka mit sich.

„Der Sanitäter hat aber was anderes gesagt", murmelte Oskar.

Beim Abendessen erzählte er von dem Vorfall. Seine Mutter fand, dass das, was Frau Lehmann gesagt hatte, logisch sei. „In Gewächshäusern kann es ganz schön heiß werden. Da kann der Kreislauf schon mal schlapp machen."

Oskar konnte sie damit allerdings nicht überzeugen. Der Sanitäter hatte von einer akuten Vergiftung gesprochen.

10. Vier Detektive für Agnieszka

Noch vor der Schule fing Oskar Fabio ab.

„Ich hab darüber nachgedacht. Vielleicht spritzen die in der Gärtnerei Lehmann wirklich verbotenes Zeugs auf ihr Gemüse. So wie Onkel Justus es vermutet. Und Agnieszkas Mutter hat sich daran vergiftet."

„Auch auf die Erdbeeren?", stöhnte Fabio. „Ich hab sie vor dem Essen nicht gewaschen."

„Ich hab dich doch gewarnt." Das konnte Oskar sich jetzt nicht verkneifen. Als er sah, dass sein Freund blass wurde, lenkte er schnell ein. „Die waren nicht vergiftet. Wir haben vor einigen Tagen eine ganze Schüssel gegessen. Und mir geht es super. Dir doch auch, oder?"

Fabio überlegte. „Ich glaube, ja, aber sicher bin ich mir nicht. Vielleicht handelt es ich um ein schleichendes Gift."

Gerade kamen Jessica und Marina vorbei.

„Schon gehört?", rief Oskar. „Agnieszkas Mutter ist gestern ins Krankenhaus gekommen. Sie ist bei der Arbeit zusammengebrochen. Die Frau sah gar nicht gut aus. Und wisst ihr was? Einer der Sanitäter hat von einer akuten Vergiftung gesprochen. Ich hab es genau gehört. Frau Lehmann will natürlich alles vertuschen. Angeblich war es nur zu heiß in den Gewächshäusern."

„Eine Vergiftung?" Marina sah ihn fassungslos an. „Du meinst, jemand wollte Agnieszkas Mutter ermorden? Warum denn? Sie hat doch keinem was getan. Die arme Frau. Die arme Agnieszka."

Oskar verdrehte die Augen. Die Mädchen sahen eindeutig zu viel fern. „Quatsch! Ich meine, dass die in ihren Gewächshäusern giftiges Zeugs spritzen. Und die Frau hat zu viel davon eingeatmet."

„Wer hier wohl Quatsch erzählt?", ereiferte sich Jessica. „Warum sollten Lehmanns Gift auf ihr eigenes Gemüse spritzen? Die wollen das doch verkaufen! Oskar Nusspickel, wenn hier einer spinnt, dann du! Oder willst du jetzt behaupten, dass Lehmanns Massenmörder sind, die die ganze Stadt umbringen wollen?"

Unglaublich, wie dumm diese Mädchen waren! Da konnte Oskar nur mitleidig grinsen.

„Ihr wisst aber auch gar nichts. Schon mal was von Insektiziden gehört? Von Pestiziden? Herbiziden? Die verwenden alle Gärtner. Fast alle", berichtigte er sich.

Langsam – viel zu langsam, wie Oskar fand – begriffen die beiden Kichererbsen, worum es überhaupt ging.

„Ach so, verstehe. Du glaubst also, dass Lehmanns solche Insekti-Dingsbums verwenden und dass Agnieszkas Mutter davon krank geworden ist. Hm." Nachdenklich betrachtete Jessica ihre Schuhe. Sie runzelte die Stirn, zog ein Taschentuch aus ihrer Jeans und wischte einen Schmutzfleck ab. „Die sind ganz neu."

Als ob das irgendwen interessieren würde.

„Aber warum dürfen die Zeugs verwenden, von dem man krank werden kann? Das verstehe ich nicht", meinte sie dann.

„Ganz einfach. Es gibt erlaubte und verbotene Mittel. Wir nehmen an, dass Lehmanns verbotene Sachen spritzen. Die kann man nämlich problemlos übers Internet kaufen. Und das werden Fabio und ich beweisen", erklärte Oskar feierlich. „Das sind wir Agnieszka schuldig."

Unwillig schüttelte Marina den Kopf. „Wieso ihr? Wir! Agnieszka ist unsere Freundin."

Augenblicklich bereute Oskar, dass er den Mädchen so vorschnell von dem Vorfall in der Gärtnerei erzählt hatte. Jetzt konnte er die beiden garantiert nicht mehr abwimmeln. Dabei hätte er den Fall am liebsten ganz allein gelöst. Dann hätte Agnieszka nämlich gemerkt, was für ein toller Kerl er war. Gut, Erdbeeren pflücken und Hunde erziehen zählte nicht gerade zu seinen Stärken. Als Detektiv war er allerdings unschlagbar!

„Zankt euch nicht schon wieder." Fabio verdrehte genervt die Augen. „Klar machen wir das zusammen. Wie immer. Wir treffen uns gleich nach dem Mittagessen bei Oskar. Ihr wisst ja, der wohnt jetzt in der Hortensienstraße 28. Schulaufgaben müssen wir bis morgen sowieso kaum machen."

Oskars Hoffnung, dass Marina vielleicht wieder zum Zahnarzt musste, erfüllte sich nicht. Beide Mädchen wollten pünktlich kommen.

Der Vormittag verging wie im Flug. Frau Mertens ließ eine nicht angekündigte Probearbeit schreiben, was nicht gerade nett von ihr war. Zwei Pausen lang schimpften ihre Schüler lautstark um die Wette. Nach der letzten Stunde hielt die Lehrerin Oskar am Jackenärmel fest.

„Denk dran, dass du morgen deine Turnschuhe mitbringst. Sonst kriegst du eine saftige Strafarbeit, Oskar. So geht es nicht. Seine Siebensachen muss man schon zusammenhaben."

Oskar dachte an den Stapel mit den nicht ausgepackten Umzugskartons. Irgendwo da drin steckten seine Turnschuhe. Aber jetzt musste er Agnieszka retten oder vielmehr ihre Mutter. Fürs Kartonauspacken blieb da einfach keine Zeit. Für Strafarbeiten allerdings auch nicht.

11. Jessica will aufräumen

Um zwei Uhr versammelten sich die vier Kinder in Oskars Zimmer.

„Nett hast du es hier", fand Marina. „Sogar mit Blick auf den Garten. Und so schicke Möbel. Sind die neu? Früher hattest du doch so ein Segelschiff auf deinem Kleiderschrank, oder?"

„Früher war ich ja auch ein Kind. Außerdem war das ein Piratenschiff." Mehr sagte Oskar zu diesem Thema nicht.

Jessica fand natürlich sofort etwas zu meckern: „Willst du die nicht auspacken?" Sie zeigte auf die Umzugskartons, die gleich hinter der Tür standen. „Du musst bis morgen deine Turnschuhe finden. Sonst kriegst du Ärger mit Frau Mertens."

„Na und", knurrte Oskar. „Das ist doch meine Sache. Zum Auspacken hab ich keine Lust."

Das konnten die Mädchen überhaupt nicht verstehen.

„Das macht doch Spaß", behauptete Marina. „Sollen wir dir helfen?"

Ohne weiter darüber nachzudenken, willigte Oskar ein. Bitte, wenn die beiden so dumm waren, seine Arbeit freiwillig zu erledigen. „Tut euch keinen Zwang an."

Augenblicklich sprang Jessica von ihrem Stuhl und stürmte zu den Kartons. Bevor Oskar sie daran hindern konnte, hatte sie den obersten schon aufgerissen.

„Bücher. Bilderbücher. *Die kleine Raupe Nimmersatt.* So was liest du noch?" Sie kicherte. „Und hier: *Der kleine Bär will nicht schlafen.* Süß. Will der kleine Oskar auch nicht schlafen?"

Wütend entriss Oskar ihr die Bücher. „Ich hab es mir gerade anders überlegt. Das sind meine Sachen und die räume ich ganz allein aus. Wir wollten Agnieszka helfen, oder?" So unauffällig wie möglich ließ er die beiden Bilderbücher unter seinem Bett verschwinden. Dann zog er einen Schreibblock aus dem Papierberg, der ziemlich windschief seinen Schreibtisch zierte. Sofort kam alles ins Rutschen. Einige Bücher und Hefte polterten auf den Boden. Oskar hob alles auf und stapelte einen neuen schiefen Turm.

„Wie wär's mit Aufräumen?", fragte Jessica.

„Willst du das vielleicht auch übernehmen? Und anschließend wäschst du unsere Wäsche und putzt die Fenster?"

„Pah. So weit kommt es noch."

Verärgert sah Fabio von einem zu anderen. „Ihr nervt, echt. Wir sind hier, um Agnieszka zu helfen."

Das fand Marina auch. „Genau. Agnieszkas Mutter liegt seit gestern im Krankenhaus. Was wissen wir bis jetzt?"

„Irgendwas ist mit ihr in der Gärtnerei Lehmann passiert", sagte Fabio. „Die Sanitäter haben von einer Vergiftung gesprochen. Frau Lehmann behauptet dagegen, es war ein Schwächeanfall wegen der Hitze."

Oskar nickte und schrieb auf. Vielmehr wollte er alles aufschreiben. Leider wusste er gleich beim ersten Wort nicht weiter.

„Wie schreibt man ‚Agnieszka'?"

Das wusste nicht einmal Marina und die war Klassenbeste in Deutsch.

„Kürze es ab", schlug sie vor. „Schreib einfach nur ‚A.'."

Oskar kritzelte ein paar Sätze hin. „Justus von Hagen behauptet, dass bei Lehmanns mit Gift gearbeitet wird. Und dass dort bereits die ganze Umwelt verseucht ist."

„Justus von Hagen? Wer ist das denn?"

„Den kennt ihr nicht?" Oskar genoss es, mehr als die Mädchen zu wissen. Vor allem Jessica konnte ruhig mal vor Neugierde zappeln. Deshalb sprach Oskar mit Absicht ganz langsam und ließ lange Pausen zwischen den einzelnen Worten. „Also:

Justus von Hagen ist ein sonderbarer alter Mann. Er wohnt gleich neben der Gärtnerei. In so einer Art Wildnis. Nicht wahr, Fabio? Das kann man so sagen. Bei Justus von Hagen wächst alles durcheinander. Manchmal steht er am Weg, spricht Leute an und erzählt ihnen, dass sie bei Lehmanns nicht kaufen dürfen."

Marina kratzte sich am Kopf. „Trägt er meist eine grüne Strickjacke mit zerlöcherten Ärmeln? Hat er viel zu lange graue Haare? Dann kennen wir den Mann."

„Ach, der. Der ist doch völlig durchgedreht." Jessica tippte sich gegen die Stirn. „Das ist euer Zeuge? Ein verrückter Alter, den kein Mensch ernst nimmt?"

„Er ist nicht verrückt, nur ein bisschen sonderbar. Dietmar kennt ihn nämlich. Und er sagt, dass Justus von Hagen bis auf seinen Umwelttick ein sehr netter, harmloser Mann ist. Ihr wisst ja, dass Dietmar bei der Kripo arbeitet. Der weiß, was er sagt." Strafend schaute Oskar die Mädchen an.

Die zuckten nur mit den Schultern.

„Egal. Wie geht es weiter? Ich finde, einer muss Agnieszka fragen, was mit ihrer Mutter los ist." Das kam von Jessica.

„Das mache ich!", rief Oskar so laut, dass die anderen ihn erstaunt anschauten.

Marina grinste vielsagend. „Aha, Oskar will mit Agnieszka allein sein. Soso."

Alle kicherten. Bloß Oskar nicht, der verlegen Strichmännchen auf das Papier malte.

Fabio erlöste ihn. „Einer muss sich bei Justus von Hagen erkundigen, ob er das mit dem Gift beweisen kann."

„Das mache ich auch. Ihr kennt ihn ja gar nicht richtig. Außerdem hat er mich zu sich nach Hause eingeladen. Er will mir zeigen, wie man Hunde erzieht."

Wie nicht anders zu erwarten, war Jessica mit dieser Lösung nicht einverstanden. „Aha. Du machst alles und wir drehen Däumchen, was? Am besten suchen wir in der Zeit deine Turnschuhe und räumen deinen Schreibtisch auf, oder wie? Nee, so nicht, Oskar Nusspickel! Du gehst zu diesem Justus Dingsbums und Marina und ich befragen Agnieszka. Du kannst sie ja ein anderes Mal besuchen."

„Blödsinn, warum sollte ich?", murmelte Oskar verlegen. „Woher kennt ihr sie überhaupt?"

„Wir kaufen schon jahrelang bei Lehmanns. Und da hab ich mich mal mit Agnieszka unterhalten. Sie kommt aus Polen. Ihre Mutter arbeitet regelmäßig in der Gärtnerei. Wenn Agnieszka gerade Ferien hat, darf sie mit. Lehmanns beschäftigen über den Sommer viele Frauen aus Polen. Die leben hinter den Folientunneln in Wohnwagen."

„Wie bitte? In Wohnwagen?" Fabio lachte ungläubig. „Das würde doch niemand machen, oder?"

„Die machen das aber. Echt. Oder willst du behaupten, dass Agnieszka lügt?" Wütend starrte Jessica Fabio an. „Lehmanns achten darauf, dass niemand die Wohnwagen sieht. Ist ihnen wohl selbst peinlich, dass sie für ihre Arbeiterinnen keine ordentlichen Unterkünfte haben."

Marina stand auf. „Los. Worauf warten wir noch? Wir beide fragen Agnieszka, was ihrer Mutter genau passiert ist. Und ihr zwei", sie zeigte auf Oskar und Fabio, „besucht diesen komischen alten Kauz. Falls ihr nicht zurückkommt, wissen wir, dass er wirklich verrückt ist. Dann rufen wir die Polizei. So lange müsst ihr natürlich durchhalten."

Oskar winkte ab. „Wir nehmen Caruso mit. Der beschützt uns."

12. Pfefferminztee mit Honig

Gemeinsam gingen die Kinder zum Resedaweg. Dort trennten sie sich: Oskar, Fabio und ein ausgesprochen begeisterter Caruso schlugen den Weg zu dem weißen Haus ein, während die Mädchen geradeaus zur Gärtnerei liefen.

Die Zufahrt, die zum Haus von Justus von Hagen führte, war schlecht befestigt: Sie bestand nur aus Sand, Gras und ein paar Steinen an den tiefsten Stellen. Das Haus sah auch nicht gerade gepflegt aus: Die Fenster und Türen mussten dringend gestrichen werden, da die Farbe bereits überall abblätterte. Im Obergeschoss war sogar eine Fensterscheibe kaputt.

Ob Justus von Hagen kein Geld für den Glaser hatte? Aber nein, Dietmar hatte doch erzählt, dass dem alten Mann fast der gesamte Grund am Resedaweg gehörte. Vielleicht mochte er es gern so unordentlich?

Die Klingel neben der Haustür war ein altmodisches Ding, das wie ein Schlüssel aussah, an dem man drehen musste.

„Hast du so was schon mal gesehen?", flüsterte Oskar.

Fabio schüttelte den Kopf. „Nee. Gefällt mir aber." Er drehte wie wild an der Klingel. Es gab ein schnarrendes Geräusch.

Als Justus von Hagen die Tür öffnete, stutzte er einen Moment. Dann ging ein Strahlen über sein Gesicht. „Netter Besuch! Na so etwas. Hier war ja seit Ewigkeiten keine Menschenseele außer mir selbst." Er bückte sich. „Und der feine Caruso ist auch da. Dann kommt mal rein, am besten in die Küche."

Die Einrichtung war genauso alt wie das Haus. Und genauso renovierungsbedürftig. Justus von Hagen holte eine verschnörkelte Teekanne aus dem Schrank. Dann stellte er einen Kessel mit Wasser auf den Ofen. Auf dem Küchenschrank stand eine ganze Reihe hoher Blechdosen. Der alte Mann schaute die Jungen an, dann die Dosen und schließlich griff er nach der dritten von rechts.

„Brennnesseltee mögt ihr nicht, da bin ich mir sicher", sagte er. „Wir versuchen es mit Pfefferminze. Die Minze wächst bei mir hinterm Haus." Bald zog ein aromatischer Duft durch die Küche.

„Hm, wie ich die Jugend von heute kenne, mögt ihr keinen ungesüßten Tee. Zucker gibt es bei mir nicht. Wie wäre es mit Honig?" Er bückte sich und holte ein Honigglas aus einem der Schränke. „Eigene Bienen besitze ich nicht mehr. Die könnten bei Lehmanns Giftspritzerei nicht überleben. Den Honig krieg ich jetzt immer von meinem Freund Johannes. Der hat noch sieben Bienenvölker."

Wider Erwarten schmeckte der Pfefferminztee gut. Das konnte natürlich auch am Honig liegen, den Oskar und Fabio recht großzügig in ihre Tassen gelöffelt hatten.

Oskar erzählte, was sich am Tag zuvor in der Gärtnerei zugetragen hatte.

„Das ist schon das zweite Mal in diesem Jahr", sagte Justus von Hagen ernst. „Die Frauen spritzen die Pflanzen in den Gewächshäusern. Leider tragen sie dabei keinen ordentlichen Mundschutz. Und so atmen sie das Zeug ständig ein. Wenn meine Vermutung stimmt, dass Lehmanns verbotene Mittel verwenden, ist das sehr schlimm."

„Kann man ... kann man daran sterben?" Oskar traute sich kaum zu fragen.

Der alte Mann zuckte mit den Schultern. „Vielleicht. Ich weiß es nicht, mein Junge. Es kommt auf das Mittel an. Ich weiß aber, dass man auf Dauer sehr krank davon werden kann." Er erzählte, dass in den Gewächshäusern Gurken und Tomaten gezogen wurden. „Damit man möglichst viel ernten kann, stehen die Pflanzen sehr dicht nebeneinander. Dadurch sind sie anfällig für Krankheiten und Schädlingsbefall. Also muss gespritzt werden, so genannte Pflanzenschutzmittel. Da gibt es spezielle Gifte, mit denen Schädlinge wie Insekten oder Schnecken abgetötet werden, Fungizide gegen Pilzbefall, Herbizide gegen Unkraut und so weiter und so fort. Ihr glaubt ja gar nicht, was es alles gibt. So eine moderne Gärtnerei ist die reinste Hexenküche." Er schüttelte langsam den Kopf. „Und bei Lehmanns werden verbotene Mittel benutzt. Da bin ich mir ganz sicher."

„Wissen Sie das genau? Haben Sie Beweise?", fragte Oskar.

„Beweise, mein Junge? Wir stehen hier doch nicht vor Gericht. Mir genügt es zu sehen, dass die Jungvögel in meinen Nistkästen sterben. Die Elterntiere füttern Insekten, die durch Lehmanns Spritzerei vergiftet sind. Sie wissen es ja nicht besser. Und die winzigen Vögel gehen daran zugrunde. Außerdem leben in meinen beiden Teichen seit zwei Jahren weder Fische noch Frösche oder Kröten. Ihr wisst vielleicht, dass die Gärtnerei mir gehört. Deshalb kenne ich mich dort aus. Es gibt einen kleinen Teich, in den das überschüssige Wasser aus den Gewächshäusern geleitet wird. Und der Teich hat wiederum einen Überlauf, der in die beiden großen Teiche mündet, die ihr von der Straße aus sehen könnt. Wenn Lehmanns in ihrem Betrieb ihre Mittel spritzen, gelangt letztendlich alles in meine Teiche und von dort ins Grundwasser. Das könnt ihr mir schon glauben."

Was Justus von Hagen erzählte, klang logisch. Aber ohne Beweise kamen sie nicht weiter.

„Wir müssen wieder los", sagte Fabio nach einiger Zeit.

„Schade. Ich könnte euch noch einen Tee kochen." Onkel Justus wollte seinen Besuch gar nicht wieder gehen lassen. „Wie läuft es mit Caruso?"

„Ganz gut." Oskar schaute den Hund an. „Sitz!"

Caruso setzte sich tatsächlich, sprang aber gleich danach auf und schnüffelte an Oskars Hosentasche. Er wollte seinen Keks. Das hatte er in den letzten Tagen so gelernt: Erst hinsetzen, dann belohnt werden.

„Jetzt kommt ein neuer Befehl: ‚Bleib!' Er muss lernen, dass ‚Bleib!' sitzen bleiben bedeutet, egal was passiert."

13. Ein ganz bestimmtes Blau

Jessica und Marina warteten schon auf der Straße und unterhielten sich. Als Oskar und Fabio näher kamen, hörten sie: „Pink ist *die* Modefarbe." Und: „Ich brauche unbedingt eine neue Hose und …"

„Was habt ihr rausgekriegt?", unterbrach Oskar die Mädchen.

„Nichts", tönte es zweistimmig.

„Wie, nichts?"

„Nichts. Du hast uns schon ganz richtig verstanden. Wir haben im Laden nach Agnieszka gefragt. Frau Lehmann hat gesagt, sie ist nicht da. Als wir zu den Wohnwagen wollten, hat sie uns das verboten. Angeblich hätten wir auf dem Betriebsgelände nichts verloren. Wir könnten in den Teich fallen und ertrinken." Verärgert schüttelte Jessica den Kopf. „Sehen wir vielleicht wie Babys aus?"

„Und dann, das muss man sich mal vorstellen, hat sie einfach den nächsten Kunden bedient und sich nicht mehr um uns gekümmert." Marina bekam vor Wut ganz rote Wangen. „Ich dachte immer, Geschäftsleute müssen freundlich zu ihren Kunden sein. Aber davon hat Frau Lehmann wohl noch nichts gehört. Was jetzt?"

Oskar sah die beiden mitleidig an. „Fragt ihr das im Ernst? Ist doch klar, oder?" Er stieß Fabio an.

Der sah allerdings auch nicht so aus, als wüsste er, wie es weiterging. Womit mal wieder bewiesen war, dass die anderen ohne Oskar Nusspickel gar nichts rauskriegten. Ihnen fehlte einfach die nötige Fantasie.

Er seufzte. „Liebe Leute, wir müssen natürlich trotzdem zu den Wohnwagen. Ohne Agnieszka kommen wir nicht weiter."

„Geht nicht", sagte Jessica entschieden. „Die Lehmann passt auf."

„Na und? Zwei von uns lenken sie ab. Und zwei schleichen zu den Wohnwagen. Wo stehen die überhaupt?"

„Hinter den Gewächshäusern. Mehr weiß ich auch nicht. Wir müssten sie also erst suchen. Aber das mit dem Ablenken ist eine gute Idee. Das könnt ihr machen. Lass doch einfach Caruso von der Leine. Der schmeißt bestimmt ein paar Blumentöpfe um."

„Oder er pinkelt gegen die Ladentür." Fabio wollte sich ausschütten vor Lachen. „Was meinst du", japste er, „was die Lehmann wohl dazu sagt?"

„Spinnst du? Was, wenn Frau Lehmann meinen Hund verprügelt? Oder wenn Caruso abhaut und irgendwas Giftiges frisst? Das kommt überhaupt nicht infrage. Wir müssen sie in ein Gespräch verwickeln. Ich sag einfach, dass meine Mutter Geburtstag hat und ich ihr eine Topfblume schenken will. Und du bleibst solange draußen und passt auf Caruso auf."

So wurde es gemacht.

Bei Oskars Anblick kniff Frau Lehmann misstrauisch die Augen zusammen.

„Na, willst du auch Agnieszka besuchen? Sie ist nicht hier. Das hab ich schon deinen Freundinnen gesagt."

Oskar schüttelte den Kopf. „Jessica und Marina? Das sind doch nicht meine Freundinnen. Mit denen hab ich gar nichts zu tun. Ich kann kichernde Mädchen nicht leiden. Nein, ich brauche eine Blume für meine Mutter, zum Geburtstag. Es soll was ganz Besonderes sein."

Das schien Frau Lehmann zu gefallen. „Eine besondere Blume? Ich habe hier eine wunderschöne Begonie, rein weiß und doppelt gefüllt."

Oskar warf einen flüchtigen Blick auf die weiße Schönheit. „Weiß mag meine Mutter überhaupt nicht."

„Es gibt auch rosa Begonien, rote, gelbe, sogar zweifarbige." Sie stellte ein besonders hübsches

Exemplar auf den Ladentisch. Die Blüten waren rosa-weiß marmoriert.

„Gefällt ihr sicher alles nicht", behauptete Oskar. „Blau ist ihre Lieblingsfarbe. Gibt es keine blauen Blumen?"

„Blau?" Frau Lehmann stellte die Begonie an ihren Platz zurück und holte eine andere Blume. „Hier, eine himmelblaue Glockenblume. Wenn sie Blau mag, ist die hier genau richtig."

Oskar betrachtete die Pflanze ausführlich von allen Seiten. „Glaub ich nicht. Das Blau ist viel zu hell. Sie steht mehr auf Dunkelblau. Das passt zu unseren neuen Gardinen. Wir sind nämlich gerade umgezogen."

„Sag mal, kann es sein, dass du mich veräppeln willst?"

Erstaunt riss Oskar die Augen auf. „Wieso das denn? Ich suche eine dunkelblaue Blume für meine Mutter zum Geburtstag. So wie die." Er zeigte auf einen Vase mit leuchtend blauen Iris.

„Das sind Schnittblumen", sagte Frau Lehmann unfreundlich. „Willst du einen Strauß? Ich dachte, du willst eine Topfpflanze."

„Will ich auch. Eine Topfblume, die so blau blüht. Wenn Sie das nicht haben, kriegt meine Mutter eben eine Schachtel Pralinen. Tschüss."

Im Augenwinkel hatte Oskar durch die Schaufensterscheibe gesehen, dass die Mädchen zurückkamen.

14. Im Luisenhospital

Jessica konnte es kaum erwarten, die Neuigkeiten zu berichten: „Agnieszka ist im Krankenhaus bei ihrer Mutter. Das hat uns eine der polnischen Frauen erzählt. Sie ist schon vor einer Stunde mit dem Bus hingefahren. Wir müssen uns beeilen, wenn wir sie dort noch abfangen wollen." Mit großen Schritten marschierte sie bereits in Richtung Straße.

„Eins kann ich euch verraten", flüsterte Marina. „‚Wohnwagen' ist für die alten Dinger noch geschmeichelt, die fallen schon halb auseinander. Kein Wunder, dass niemand die sehen soll. Dabei sieht die Gärtnerei von vorn so schick und modern aus. All die schönen Blumen und so."

„Okay. Ich bringe Caruso schnell nach Hause, wir holen unsere Räder und fahren ins Krankenhaus", ordnete Oskar an. Ausnahmsweise hatte Jessica nichts zu meckern.

Das Luisenhospital lag am anderen Ende der Stadt. Oskar trat wie wild in die Pedale. Er hatte Angst, Agnieszka zu verpassen.

Vor der Klinik hielt gerade ein Krankenwagen. Ein alter Mann lag auf der Trage. Für einen Moment bekam Oskar einen Schreck: War das nicht Justus von Hagen? Aber nein, der hatte ja lange graue Haare. Dieser alte Mann war fast kahl.

Ratlos schaute Marina sich um. „Wo müssen wir jetzt hin?"

„Wir fragen." Oskar steuerte auf eine Art Glaskasten zu, in dem eine ältere Frau saß. Sie strickte an Babysocken, die sie nur zögernd zur Seite legte.

„Ja, bitte?"

„Wir suchen jemanden. Eine polnische Frau. Sie wurde gestern eingeliefert."

„Name?"

Ach je. Hilflos schaute Oskar die anderen an. Aber die wussten auch nicht, wie Agnieszka mit Nachnamen hieß.

„Den Namen wissen wir nicht. Sie wurde gestern mit einem Rettungswagen gebracht. Mit Blaulicht. Sie ist in der Gärtnerei Lehmann zusammengebrochen."

Die Frau griff wieder nach ihrem Strickzeug. „Das hilft mir nicht weiter, mein Junge. Was glaubst du, wie viele Patienten hier täglich mit dem Rettungswagen kommen? Ich brauche schon den Namen der Frau."

„Ihre Tochter heißt Agnieszka. Die ist wahrscheinlich gerade zu Besuch. Sie hat lange blonde Haare", fiel Marina ein.

Die Frau lächelte bedauernd. „Hier ist ein ständiges Kommen und Gehen. Da kann ich wirklich nicht auf einzelne Personen achten. Tut mir leid, Kinder. Ich würde euch gern helfen."

„Mensch", stöhnte Jessica, „und dafür sind wir durch die halbe Stadt gerast?"

Der Einzige, der sich freute, war Fabio. Er hatte nämlich soeben einen Kiosk entdeckt. Und da Essen Fabios Lieblingsbeschäftigung war, war sein Tag damit gerettet.

„Hier gibt es Eis. Ich kauf mir eins." Schon war er verschwunden.

„Wie kann ein Mensch nur so verfressen sein?", murmelte Jessica.

„Und dabei so dünn." Marina kramte ihr Portemonnaie aus der Hosentasche. „Ich hol mir auch ein Eis. Der Weg zurück dauert ewig."

Da es kein Vergnügen war, anderen beim Eisessen zuzuschauen, reihten sich schließlich auch Jessica und Oskar in die Schlange der Wartenden ein.

Zum Glück. Wären sie gleich losgefahren, hätten sie nämlich Agnieszka verpasst, die gerade jetzt aus dem Aufzug trat. Beim Anblick der vier Kinder rief sie laut durch die Halle: „Hallo! Was macht ihr denn hier?"

Oskar wurde ganz warm bei ihrem Anblick. Er überschlug kurz den Inhalt seiner Geldbörse, dann kaufte er kurz entschlossen zwei Eis.

„Hier." Feierlich überreichte er Agnieszka das Eis. Sie errötete.

„Oh, danke, Oskar. Du bist so nett."

Marina stieß Jessica an. Die beiden kicherten. Jessica schmatzte Küsse in die Luft. Selbst Fabio machte mit. Und der wollte Oskars bester Freund sein?

Agnieszka schien das nicht zu stören. Sie erzählte, dass es ihrer Mutter ein bisschen besser gehe. „Sie soll noch bleiben hier, aber sie will nicht."

„Was ist denn überhaupt passiert?"

Nachdenklich betrachtete Agnieszka das Schokoladeneis in ihrer Hand. Dann sagte sie gedehnt: „Chefin sagt, ich nicht soll darüber reden. Niemand braucht zu wissen."

Mit „Chefin" meinte sie Frau Lehmann, das war allen klar. Und dass Frau Lehmann sehr unfreundlich sein konnte, wussten die Kinder inzwischen auch.

Agnieszka zögerte. „Ist beim Arbeiten passiert. Meine Mutter musste Mittel auf kleine Gurken spritzen. Und dann hat sich alles gedreht in ihre Kopf, sagt sie. Ist einfach umgefallen. War ganz schrecklich. Sie konnte ihre Hände nicht bewegen."

„Was war das für ein Mittel?", rief Oskar aufgeregt. „Ein Gift?"

Aber das wusste Agnieszka nicht. „Mittel, damit Gurken besser wachsen. Nicht giftig, sagt Chefin."

Ha! Nicht giftig? Das glaubte Oskar nie im Leben. „Natürlich war das giftig", schimpfte er.

Erschrocken schaute Agnieszka ihn an.

„Na ja, vielleicht war es doch nicht giftig", wiegelte Oskar schnell ab. „Oder nur ein bisschen giftig, nicht schlimm. Du sagst ja, dass es deiner Mutter schon besser geht."

„Besser, aber nicht gut, Oskar." Agnieszka schaute auf die Uhr, die in der großen Halle hing. „Ich muss gehen. Gleich fährt mein Bus. Morgen früh meine Mama kommt zurück."

„Treffen wir uns morgen Nachmittag um drei an der Straße?", fragte Jessica schnell. „Vielleicht weiß deine Mutter, wie das Mittel heißt. Frag sie doch."

Erst am Abend fielen Oskar die Turnschuhe wieder ein. So ein Mist! In aller Eile packte er die letzten drei Kartons aus. Oder, besser gesagt: Er wühlte in deren Inhalt herum. Vergeblich, die Turnschuhe waren verschwunden.

Er riss die Tür auf und stürmte die Treppe hinunter. „Ich brauche morgen meine Turnschuhe, sonst kriege ich eine Strafarbeit auf."

„Pack deine letzten Kartons aus", sagte Katharina Nusspickel ungerührt. Sie war damit beschäftigt, das Bücherregal im Wohnzimmer zu füllen.

„Ich habe in allen Kartons nachgeschaut. Die Schuhe sind weg. Vielleicht haben wir sie in der alten Wohnung vergessen?" Oskar war zum Heulen zumute. „Ich will keine Strafarbeit schreiben", jammerte er.

„Du hast wirklich in allen Kartons gesucht? So ein Mist. Geld für neue Turnschuhe habe ich zurzeit wirklich nicht. Der Umzug hat ein Vermögen gekostet. Außerdem haben die Geschäfte sowieso längst geschlossen. Ich hab eine Idee. Du kannst hier solange für mich weitermachen. Stell die Bücher einfach in die Regale. Sortieren werde ich sie irgendwann später."

Oskar hockte sich brav auf den Boden. Wahllos zog er zwei Bücher aus dem Karton, um sie ins Regal zu schieben. Eines davon kam ihm sehr bekannt vor: Es handelte sich um das vermisste Lieblingskochbuch seiner Mutter. Ohne lange zu überlegen, sortierte Oskar das Buch zwei Regalreihen tiefer als die übrigen Kochbücher ein. Dort fiel es überhaupt nicht auf. Mit etwas Glück würde seine Mutter es zwischen den anderen Büchern nie finden. Gut gelaunt stellte er weitere Bücher ins Regal.

Seine Mutter kam mit einem Paar Turnschuhe zurück. „Hier, Oskar, ich leihe dir ausnahmsweise meine Sportschuhe. Wir haben ja dieselbe Größe. Und jetzt: Gute Nacht! Du musst schlafen."

Entrüstet hob Oskar beide Hände. „Nee, das kannst du nicht von mir verlangen. Ich zieh doch keine Frauenschuhe an!"

Seine Mutter ließ sich nicht beirren. „Das merkt doch niemand. Es sind ganz normale, schlichte, weiße Sportschuhe. Die können Frauen und Männer tragen. Wenn du sie nicht anziehen willst, musst du eben die Strafarbeit auf dich nehmen."

Misstrauisch schaute Oskar die Schuhe von allen Seiten an. Seine Mutter hatte recht. Bis auf den rosa Schriftzug war nichts Weibliches daran. Und der war so winzig, dass ihn garantiert niemand entdecken würde. Außerdem war Oskar jetzt müde und wollte ins Bett. Ob er seiner Mutter das Kochbuch zeigen sollte? Er entschied sich dagegen. Vielleicht morgen.

15. Frauenschuhe und ein verwegener Plan

Es kam, wie es kommen musste: Kaum hatte Oskar die Turnhalle betreten, zeigte Jessica auf seine Schuhe und sagte: „Hey, du hast ja Frauenschuhe an! Gehören die deiner Mutter?"

Für einen Moment überlegte Oskar ernsthaft, Jessicas Mund für alle Zeiten mit Sekundenkleber zu verschließen. Schweren Herzens entschied er sich dagegen. Er wollte später bei der Polizei arbeiten. Und da konnte er sich keine Vorstrafen erlauben.

Also warf er Jessica einen verächtlichen Blick zu. „Und wenn? Besser als 'ne Strafarbeit."

Erstaunlicherweise fand Jessica das auch. Sie sagte sogar: „Ist ja auch egal." Vielleicht konnte sie Gedanken lesen und hatte Angst, dass Oskar doch noch zum Sekundenkleber griff. Auf jeden Fall gab sie Ruhe. Die anderen hatten ohnehin nichts mitbekommen.

Um drei Uhr wartete Agnieszka vor der Gärtnerei. Sie sah aus, als hätte sie geweint. „Hallo. Wir fahren morgen nach Polen. Chefin sagt, sie kann kranke Leute nicht brauchen."

Tröstend legte Jessica einen Arm um Agnieszkas Schulter. „Das ist ja blöd für euch. Wo ihr so dringend das Geld braucht."

„Ja, wir brauchen Geld. Und Mama will gern weiterarbeiten. Aber Chefin erlaubt nicht."

Eine ganze Weile sagte niemand etwas. Agnieszka kämpfte mit den Tränen, Jessica und Marina seufzten abwechselnd und Oskar trat von einem Fuß auf den anderen. Irgendwie fühlte er sich plötzlich auch sehr krank. Sein Hals tat weh, so als säße ein dicker Kloß darin, der jedes Schlucken unmöglich machte. Agnieszka würde nach Polen fahren. Und vielleicht nie mehr wiederkommen.

„Und das Mittel? Hast du gefragt, wie das Mittel heißt?", erkundigte sich Oskar schließlich.

Verlegen starrte Agnieszka zu Boden. „Ich nicht darf darüber reden, sagt meine Mama. Sie will keinen Ärger. Will im nächsten Sommer wiederkommen und arbeiten. Aber ich weiß, dass Chef solche Sachen in eine alte Schuppen hat. Da darf niemand rein. Schuppen immer abgeschlossen."

Oskar zögerte nicht eine Sekunde. „Dann müssen wir da einbrechen!"

„Spinnst du vielleicht? Ich bin doch kein Verbrecher!" Fabio schüttelte fassungslos den Kopf. „Da mache ich nicht mit. Wenn mein Vater das erfährt, zieht er mir die Ohren so lang, dass ich wie ein Kaninchen aussehe."

Oskar ließ sich nicht beirren. „Hat der Schuppen Fenster, die man einschlagen kann?"

„Damit es laut klirrt und die Lehmanns die Polizei rufen?", spottete Jessica.

„Schuppen hat kein Fenster", sagte Agnieszka. „Nur ein Tür. Und die ist abgeschlossen. Mit einem riesigen, alten Schlüssel."

Zur Überraschung aller meinte Marina: „Oskar hat ganz recht. Man müsste in den Schuppen. Vielleicht gibt es einen anderen Weg. Warum fragen wir nicht Justus von Hagen? Dem gehört doch das ganze Gelände."

Es brachte Fabio und Jessica ins Wanken, dass sogar Marina in Erwägung zog, etwas Verbotenes zu tun.

„Wenn Agnieszkas Mutter morgen weg ist, haben wir keinen Zeugen mehr", fiel Jessica ein.

Das fand Fabio nicht so schlimm. „Ist doch egal. Sie würde uns sowieso nichts verraten, weil sie keine Schwierigkeiten mit den Lehmanns haben will."

„Genau." Oskar nickte. „Also müssen wir uns selbst das Mittel beschaffen, das die Frauen in den Gewächshäusern spritzen. Sonst können wir gar nichts unternehmen."

„Haben Lehmanns einen Wachhund?"

Fragend schaute Fabio Agnieszka an. Vor großen Hunden, die nicht Caruso hießen, hatte er nämlich Angst.

Das Mädchen verneinte.

„Gut, dann könnte es klappen. Wir besuchen jetzt Justus von Hagen. Los, worauf wartet ihr noch?" Entschlossen sah Oskar die anderen an.

„Kann ich mit?", fragte Agnieszka.

Natürlich konnte sie mit. Sie durfte sogar Caruso an der Leine halten.

Kurz vor der Haustür blieben Jessica und Marina stehen. Sie flüsterten miteinander und dann verkündete Jessica, dass sie nicht mitkommen würden.

„Der ist uns unheimlich. Am Ende ist er wirklich geisteskrank oder so. Wenn ich an die zerlöcherte Strickjacke denke, will ich auch gar nicht in sein Haus. Da wimmelt es bestimmt von Ungeziefer."

„Wenn hier einer geisteskrank ist, dann ihr", schimpfte Oskar. Aber die beiden Mädchen ließen sich nicht überreden.

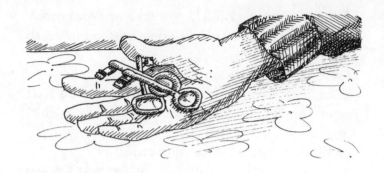

16. Drei Schlüssel

Justus von Hagen hörte sich schweigend an, was die Kinder berichteten.

„Der alte Schuppen? Da hab ich immer die leeren Tontöpfe aufbewahrt. Es gibt nur eine Tür. Schade, dass ich vor zehn Jahren alle Schlüssel an die Lehmanns abgegeben habe." Er zupfte nachdenklich an seinen Haaren. „Oder? Wartet mal eben." Schwerfällig erhob er sich von seinem Stuhl und schlurfte aus der Küche. Oskar fiel auf, dass vorn in seinem rechten Hausschuh ein großes Loch war.

„Komischer Mann", flüsterte Agnieszka. „Aber nett."

Wenig später kehrte Justus von Hagen zurück. Er lächelte verschmitzt. „Ich habe noch drei alte Schlüssel gefunden. Einer davon passt vielleicht. Ihr müsst es ausprobieren, Kinder. Und noch was." Er zog ein Paar weiße Handschuhe aus der Tasche. „Wenn ihr dort Kanister findet, müsst ihr einen davon mitbringen. Zieht dabei unbedingt diese Handschuhe an. Das Zeugs könnte giftig sein. Wir wollen kein Risiko eingehen. Hinterher kommt ihr direkt in mein Haus. Ich lasse das Licht brennen. Wissen eure Eltern überhaupt, was ihr da vorhabt?"

Die Kinder schwiegen.

„Also nicht. Das habe ich mir gedacht. Hm. Eigentlich sollte ich euch die Sache verbieten. Aber was ihr da plant, finde ich sehr wichtig. Feiglinge und Leute ohne Rückgrat, die alles mit sich geschehen lassen, kann ich nicht leiden. Die sind schuld daran, dass unsere Welt eines Tages noch zugrunde geht." Zornig ballte er seine Hand zur Faust. „Wenn ich nicht so alt und klapprig wäre, würde ich ja selbst gehen. Aber ich fürchte, ich kann weder schleichen noch wegrennen, falls die Lehmanns was merken. Meine alten Knochen wollen ja nicht mehr so, wie ich es gern hätte." Er klopfte mit beiden Händen auf seine dünnen Oberschenkel. „Man wird eben älter. Dagegen ist kein Kraut gewachsen."

Er wandte sich an Agnieszka. „Und wie geht es deiner Mutter, Kleine? Hat sie noch Beschwerden? Sag ihr, sie soll Tee aus Brennnesseln trinken. Brennnesseln entwässern und entgiften. Das ist sehr wichtig, hörst du? Ich war ja noch nie in Polen. Aber Brennnesseln werden da ja wohl auch wachsen, oder?"

„Brennnesseln?", wiederholte Agnieszka. „Kenn ich nicht."

„Doch, meine Kleine, die kennst du bestimmt. Komm mal mit nach draußen. Ich werde sie dir zeigen."

Beim Anblick der Brennnesseln, die rings um Justus von Hagens Haus standen, brach Agnieszka in lautes Gelächter aus. „*Pokrzywa*. Wie heißt das? Brennnesseln? Kann man doch nicht trinken. Brennt."

Justus von Hagen bewies ihr das Gegenteil, indem er ein paar Büschel des Krautes abriss, ohne Handschuhe wohlgemerkt, und daraus einen Tee kochte.

„Schmeckt nicht", fand Agnieszka. Sie schüttelte sich.

Der alte Mann lächelte. „Aber der Tee ist gesund. Sehr gesund, meine Kleine."

Oskar und Fabio beschlossen, noch am selben Abend in den Schuppen einzudringen. Da natürlich keiner von ihnen nachts nach draußen durfte, mussten sie sich eine Ausrede einfallen lassen: Fabio würde seinen Eltern erzählen, dass er die Nacht bei Oskar verbringen wollte, und Oskar würde angeblich bei Fabio schlafen.

Auf der Straße warteten Jessica und Marina. Schweigend hörten sie sich den Plan an. Man konnte deutlich merken, wie gern sie dabei sein wollten. Aber das bedeutete, dass sie ebenfalls bei Justus von Hagen übernachten müssten.

„Ich weiß nicht." Jessica kaute auf ihrem Daumen. „Plötzlich zaubert er den richtigen Schlüssel hervor. Das ist doch komisch, oder? Vielleicht steckt er selbst hinter der ganzen Geschichte. Ich traue dem nicht. Das hab ich von Anfang an gesagt." Jessica holte tief Luft. „Und deshalb komme ich heute Nacht nicht mit. Ist sowieso besser, wenn wir nicht alle gehen. Wenn ihr nicht wieder auftaucht, wissen Marina und ich, wo die Polizei euch suchen muss."

Das klang wirklich sehr ermutigend ...

17. Dietmar, der Retter

„Ach, so plötzlich? Einfach so?" Katharina Nusspickel schaute ihren Sohn erstaunt an.

Oskar machte ein zuckersüßes Gesicht. „Bitte! Fabio und ich wollen uns mal einen schönen Abend machen. Chips essen und Fernsehen. Außerdem muss ich mich dringend mal erholen. Im Sport haben sie mich mit deinen Turnschuhen ausgelacht. Von wegen, das sieht keiner. Jessica hat es sofort gemerkt. Das war vielleicht peinlich!"

„Ich weiß nicht." Unentschlossen nagte seine Mutter an ihrer Unterlippe. „Vielleicht sollte ich bei Fabios Mutter anrufen? Nicht, dass ihr bis spät in die Nacht irgendwelchen Blödsinn guckt."

Auweia! Wenn seine Mutter bei Frau Andreotti anrief, war Oskars nächtliches Abenteuer zu Ende, noch ehe es begonnen hatte.

Während Oskar noch überlegte, wie er das verhindern konnte, mischte sich Dietmar ein: „Lass ihn doch. Oskar ist zehn. Der kann ruhig mal bei seinem Freund übernachten. Dass Fabio keine Horrorfilme gucken darf, ist ohnehin klar. Du kennst schließlich seine Eltern. Wir beide nutzen den freien Abend und gehen ins Kino."

Am liebsten hätte Oskar den Freund seiner Mutter umarmt. Natürlich machte er das nicht, Dietmar hätte sich bestimmt gewundert. Außerdem umarmte inzwischen bereits seine Mutter ihren Freund. „Eine gute Idee. Endlich mal was anderes als Kartons auspacken. Ich bin einverstanden."

So stieg Oskar abends gegen sieben Uhr auf sein Fahrrad, angeblich, um bei Fabio zu übernachten. Tatsächlich fuhr er nach einem kleinen Umweg – man wusste ja nicht, ob Katharina Nusspickel zufällig aus dem Fenster schaute – zu Justus von Hagen. Gar zu gern hätte er Caruso mitgenommen, aber dann hätte seine Mutter garantiert bei Andreottis angerufen und sich erkundigt, ob das in Ordnung sei.

Fabio wartete schon ungeduldig an der Straße. „Warum kommst du so spät?"

„Sei froh, dass ich überhaupt hier bin. Meine Mutter wollte nämlich bei deiner Mutter anrufen. In letzter Minute hat Dietmar ihr das ausgeredet."

„Zum Glück", seufzte Fabio. „Wenn das rauskommt, krieg ich Hausarrest bis Weihnachten."

Justus von Hagen hatte sich sorgfältig auf den Übernachtungsbesuch vorbereitet. Er trug sogar eine andere Strickjacke. Sie war dunkelrot und sah nagelneu aus. „Hab mich ein bisschen schick gemacht. Heute ist schließlich ein wichtiger Tag. Hereinspaziert in mein bescheidenes Heim. Ich habe für euch gekocht. Ihr habt ja noch große Dinge vor."

Er meinte, dass sein Essen vielleicht ungewohnt, dafür aber sehr gesund sei. Dann zählte er auf: „Zuerst gibt es Salat aus Giersch mit gekochten Eiern von meinen eigenen Hühnern, dann Brennnesselsuppe und zuletzt Buchweizen-Pfannkuchen mit Honig."

Oskar hatte das Gefühl, dass sein Magen sich bei jedem Wort heftiger zusammenzog. Niemand konnte ihn dazu bringen, solche Gerichte zu essen! Brennnesselsuppe, pfui Spinne! Und unter Buchweizen konnte er sich überhaupt nichts vorstellen.

Neben ihm kicherte Fabio. „Oskar wird sich wie zu Hause fühlen. Solche Sachen kocht seine Mutter nämlich auch."

Von wegen! Katharina Nusspickel kochte manchmal komisches Zeugs – das entsprach der Wahrheit. Mit Brennnesseln hatte sie Oskar allerdings noch nie gequält.

Oskar überlegte krampfhaft. Vielleicht gab es doch noch eine Rettung. Er machte ein todtrauriges Gesicht und erklärte, dass er gerade erst gegessen hätte und leider überhaupt keinen Hunger habe. Er schlug mit der Hand auf seinen Bauch.

„Da geht überhaupt nichts mehr rein. Schade. Hört sich alles so lecker an."

Leider ließ Justus von Hagen das nicht gelten. „Probieren musst du trotzdem. Oder hat die Jugend von heute überhaupt keine Manieren mehr?"

Mist, was sollte man dagegen sagen? Und so kam es, dass die beiden Jungen mehr oder weniger brav ihre Teller leerten. Fabio, für den essen ohnehin die liebste Beschäftigung war, aß mit großem Appetit. Für ihn gab es nichts, was man nicht essen konnte. Als Justus von Hagen einmal nicht aufpasste, tauschte er seinen leeren Teller mit dem von Oskar, um dessen Suppe aufzuessen.

Die Buchweizen-Pfannkuchen schmeckten sogar Oskar.

„Wenn ihr euren Auftrag erfüllt habt, gibt es noch eine Portion Pfannkuchen", versprach Justus von Hagen.

Inzwischen zeigte die Uhr halb elf und draußen war es stockdunkel. Im Wohnhaus von Lehmanns brannte kein Licht mehr. Nur in den Folientunneln leuchtete es geheimnisvoll rosa.

„Das sind Tageslichtlampen", erklärte Justus von Hagen. „Die Pflanzen glauben, dass es länger Tag ist, und wachsen entsprechend. Das macht man heute überall."

Oskar hätte gern gesagt, dass Pflanzen nichts glauben konnten, weil sie ja nicht lebendig waren. Aber er traute sich nicht. Irgendwie hatten die

Mädchen schon recht: Justus von Hagen war ein wenig sonderbar. Und es war doch beruhigend, dass Jessica und Marina über den nächtlichen Sondereinsatz Bescheid wussten.

Im letzten Moment drückte der alte Mann Oskar eine Taschenlampe in die Hand. „Nur, falls ihr das Schlüsselloch nicht findet. Ansonsten solltet ihr besser mit dem rosa Dämmerlicht auskommen. Nicht, dass der Lehmann oder eine der Arbeiterinnen euch sehen. Ich warte hier. Nur Mut, Jungs, ihr schafft das! Schade, dass ich euch nicht begleiten kann."

18. Oskar bricht ein und hat Glück im Unglück

Das Herumschleichen auf fremden Grundstücken gehörte nicht gerade zu Oskars Lieblingsbeschäftigungen. Am liebsten wäre er schon nach zehn Schritten umgekehrt. Bei Nacht sah es auf dem Gelände der Gärtnerei Lehmann unheimlich aus, vor allem das rosa Licht war gespenstisch. Und dann diese Stille – so als würde die ganze Welt den Atem anhalten und auf Oskar Nusspickel starren.

Daran, dass Fabio die ganze Zeit hinter ihm blieb, merkte Oskar, dass sein Freund auch nicht gerade vor Abenteuerlust strotzte. Gar zu gern hätte er Fabio vorgeschickt, als Kundschafter oder so. Aber wenn einer immer der Chef sein wollte, musste er auch in so einer unangenehmen Situation die Führung übernehmen …

„Ganz schön unheimlich", wisperte Oskar.

„Find ich auch."

Fabio bemerkte als Erster, dass sich hinter einem der Gewächshäuser etwas bewegte. Er griff nach Oskars Jacke. „Pssst. Da ist jemand."

Oskars Herz begann vor Angst zu flattern. Die Gestalt hinter dem Gewächshaus hob die Hand und winkte. Jetzt sah Oskar auch das hellblonde Haar: Agnieszka! Erleichtert atmete er auf.

Agnieszka kam wie gerufen. Bis jetzt hatten sie den geheimnisvollen Schuppen nämlich noch nicht entdeckt und für langes Suchen blieb eigentlich keine Zeit.

„Wo müssen wir hin?", wisperte Oskar.

Das Mädchen zeigte nach links. „Mir nach."

Der Schuppen lag ziemlich nah am Wohnhaus. Lehmanns brauchten nur aus dem Fenster zu schauen, um die Kinder zu entdecken. Hoffentlich hatten sie einen festen Schlaf! Oskar richtete den Schein seiner Taschenlampe direkt auf das Türschloss. Da er mit dem Rücken zum Haus stand, konnten Lehmanns das nicht sehen. Der erste Schlüssel passte überhaupt nicht, der zweite ließ sich ins Schloss stecken, aber nicht drehen.

„Lass mich mal", zischte Fabio. Aber er schaffte es ebenfalls nicht.

Beschwörend presste Oskar seine Faust um den dritten Schlüssel. Wenn das auch nicht der richtige war, war alles verloren.

Behutsam steckte er den rostigen Schlüssel ins Türschloss. Er ließ sich ganz leicht herumdrehen.

Beinahe hätte Oskar laut gejubelt. Zum Glück fiel ihm rechtzeitig ein, dass er keinen Mucks von sich geben durfte. Als er die Tür öffnete, knarrte sie laut. Erschrocken hielten die drei Kinder den Atem an.

„Lampe aus!", zischte Fabio. Oskar gehorchte.

Eine Weile standen sie ganz still. Nichts passierte. Das Glück war eindeutig auf ihrer Seite. Oskar knipste die Lampe wieder an und schaute sich im Schuppen um. In altersschwachen Regalen standen unzählige Blechdosen und Kanister. Teilweise waren die aufgeklebten Schilder nicht mehr lesbar. Achselzuckend griff Oskar nach einem Kanister, der in der ersten Reihe stand. Schließlich war es logisch, dass die zuletzt benutzten Behälter vorn standen.

Dann ging alles ganz schnell: Offenbar berührte Oskar versehentlich einen anderen Kanister. Der kippte zur Seite, rutschte gegen den nächsten, der ebenfalls kippte. Als Nächstes senkte sich das altersschwache Brett nach vorn und ein Stapel Dosen und Kanister polterte auf den Boden. Es gab einen Höllenlärm!

Im Haus ging das Licht an, ein Fenster wurde aufgerissen. „Wer ist da?", rief eine tiefe Männerstimme. Von der hinteren Seite des Grundstücks näherten sich aufgeregte Frauenstimmen, die Worte in einer fremden Sprache riefen.

„Meine Mutter", zischte Agnieszka. „Weg!"

Sie rannten, so schnell sie konnten. Oskar umklammerte dabei krampfhaft den Kanister. Auf seiner Flucht rempelte er einen Kistenstapel mit Salatpflanzen an, die eine nach der anderen herunterfielen.

Hinter ihm keuchte jemand. Fabio? Agnieszka? Oder etwa Herr Lehmann? Er wollte es gar nicht wissen.

Irgendwann erreichte er Justus von Hagens Haus. Und als er sich umschaute, war Fabio direkt hinter ihm.

Der alte Mann löschte das Licht, sodass sein weißes Haus in völliger Dunkelheit lag. Er führte die Kinder durch den Keller hinein. „Falls die Polizei kommt, dürfen sie keine feuchten Fußabdrücke im Flur finden."

Oskar staunte. Dieser Mann dachte einfach an alles! Oskar selbst dagegen nicht. Denn als Herr von Hagen nach dem Schlüssel fragte, wurde ihm ganz schlecht vor Schreck. „Den hab ich stecken lassen. Ich musste doch so schnell wie möglich weg."

Justus von Hagen war nicht mal böse. „Vielleicht werden sie jetzt mich verdächtigen. Aber kein Polizist der Welt kann glauben, dass ein Mann von 83 Jahren so schnell rennen kann." Er schmunzelte. „Und jetzt gibt es die versprochenen Pfannkuchen."

Das mit dem vergessenen Schlüssel ärgerte Oskar sehr. Wie hatte er nur so kopflos handeln können? Auch wenn keiner ihm Vorwürfe machte, er selbst nahm sich diese Schusseligkeit mehr als übel. Einem guten Detektiv durfte so etwas nicht passieren!

Während Oskar und Fabio sich im Schein einiger Kerzen über den Berg Pfannkuchen hermachten, schaute Justus von Hagen aus dem Fenster. „Die haben gar nicht bei der Polizei angerufen", sagte er nach einiger Zeit. Es klang fast enttäuscht. „Dann wollen wir uns den Kanister doch mal richtig anschauen."

Beim Anblick des Etiketts wurde sein Blick sehr ernst. „Das habe ich mir fast gedacht. Dieses Mittel darf seit mehr als 30 Jahren in Deutschland nicht mehr verwendet werden. Es enthält nämlich DDT, ein Nervengift, das zu Schwindel und Lähmungen führen kann. Man hat es früher beinahe überall auf der Welt als Insektenvernichtungsmittel eingesetzt. Heute sind die Herstellung, der Verkauf und der Einsatz von DDT bei uns strengstens verboten!"

„Und warum hat man dieses Mittel früher benutzt, wenn es so schädlich ist?", wunderte sich Oskar.

„Weil man das damals gar nicht wusste, mein Junge. DDT war ein billiges und sehr wirksames Mittel, um die lästigen Insekten zu vernichten. Es wurde weltweit eingesetzt, bis Forscher herausfanden, dass DDT sich in der Natur nur sehr langsam wieder abbaut. Es bleiben Rückstände im Boden und in den behandelten Pflanzen, die Menschen und Tiere über die Nahrung in ihren Körper aufnehmen. Bestimmte Vogelarten sind stark zurückgegangen, weil durch DDT die Schalen der gelegten Eier so brüchig wurden, dass es keinen Nachwuchs mehr gab. DDT steht auch unter starkem Verdacht, Krebs zu erzeugen. Angeblich ist es weltweit so verbreitet, dass bei jedem von uns Rückstände im Körper nachweisbar sind."

„Ich denke, DDT ist verboten?", fiel Oskar ein.

„Hier bei uns. In anderen Ländern wird immer noch damit gearbeitet. Wenn ihr Obst und Gemüse kauft, das nicht in Deutschland produziert wurde, kann euch niemand versprechen, dass es frei von diesem Teufelszeug ist."

„Gurken aus der Gärtnerei Lehmann sollte man wohl auch lieber nicht essen", fiel Fabio ein. „Schade, dass man DDT nicht sehen kann."

„Ja, das ist wirklich schade. Und jetzt geht schlafen. Es ist schon sehr spät. Ich habe in meinem Wohnzimmer Matratzen auf den Boden gelegt. Das wird wohl für eine Nacht gehen. Morgen früh gehe ich zur Polizei. Ich weiß noch nicht genau, was ich ihnen sagen werde. Immerhin ist es verboten, nachts in fremde Schuppen einzudringen."

Zuerst konnten die beiden Jungen lange nicht einschlafen. Kein Wunder, nach der ganzen Aufregung.

„Gut, dass Agnieszka nicht hier ist", sagte Oskar irgendwann. „Wenn ich wüsste, dass meine Mutter wegen einer DDT-Vergiftung im Krankenhaus war, hätte ich echt Angst. Wir dürfen Agnieszka nichts davon erzählen."

„Finde ich auch", gähnte Fabio. „Zum Glück fährt sie ja morgen zurück nach Polen."

Oskar schwieg. Für ihn war es ganz und gar kein Glück, dass er Agnieszka vielleicht nie wieder sehen würde.

19. Gibt es noch ungespritzten Salat?

Am nächsten Tag wachten die beiden Jungen erst am späten Vormittag auf. Herr von Hagen hatte ihnen ein paar Brote geschmiert, die sie hastig hinunterschlangen. Dann machten sie sich eilig auf den Heimweg.

Drüben bei Lehmanns sah alles ganz normal aus. Ein paar Arbeiterinnen pflückten Erdbeeren. Agnieszka war nicht zu sehen.

Als Oskar heimkam, erwartete ihn seine schlecht gelaunte Mutter. „Wo warst du so lange? Ich wollte gerade bei Andreottis anrufen."

Caruso dagegen flippte bei Oskars Anblick vor Freude aus. Er sprang mit allen Vieren gleichzeitig in die Höhe, bellte, fiepte, legte sich auf den Rücken und wollte gestreichelt werden. „Wenigstens einer, der sich freut", brummte Oskar.

„Erwarte nicht, dass ich dich künftig auch so überschwänglich begrüße." Das klang wenigstens schon etwas freundlicher. „Wenn du deine Sachen hochgebracht hast, kannst du mir im Garten helfen. Dietmar hat heute Dienst und kommt erst gegen vier zurück."

Nicht, dass Oskar ein begeisterter Gärtner war, aber er fand es schön, mal wieder ganz allein mit seiner Mutter zu sein. Außerdem musste er dringend ihre schlechte Laune aufbessern.

„Wo soll ich anfangen?"

So viel Arbeitseifer hatte Katharina Nusspickel nicht erwartet. Erstaunt sah sie ihren Sohn an. „Wie, du meckerst gar nicht?"

„Nö. Gartenarbeit ist doch was Schönes", schwindelte Oskar. „Hauptsache, du spritzt kein DDT."

„Hä? Wie kommst du denn darauf? DDT ist hochgiftig. Warum sollte ich so etwas benutzen? Ich will schließlich Salat setzen. Und Kohlrabi. Vielleicht fährst du gleich mal zu Lehmanns und holst mir ein paar Pflanzen?"

Oh nein!

„Ach, warum denn gerade bei denen? Ich kann ja schnell in das große Gartencenter am Marktplatz fahren. Da ist die Auswahl viel größer."

„Unsinn. Das ist viel zu weit. Außerdem ziehen die Lehmanns ihre Jungpflanzen selbst. Da weiß man, was man kauft."

„Meinst du? DDT kann man jedenfalls nicht sehen. Und du sagst ja selbst, dass es supergefährlich ist."

Erstaunt schaute Katharina Nusspickel ihren Sohn an. „Sag mal, weißt du etwas, was ich nicht weiß? Was sollen diese komischen Anspielungen?"

Oskar beschloss, vorerst nichts zu verraten. Das war schließlich so abgemacht. „War nur so eine Idee. Wenn es dir egal ist, fahre ich lieber zum Gartencenter. Da komme ich bei Fabio vorbei. Vielleicht fährt er mit."

„Du kommst doch gerade erst von Fabio", wunderte sich Katharina Nusspickel.

„Stimmt. Aber er ist mein bester Freund. Ich kann ihn gar nicht oft genug treffen." Oskar merkte selbst, wie blöd sich das anhörte. Aber es war zu spät. „Soll ich Caruso mitnehmen?"

Rad fahren mit einem aufgeregten Golden Retriever an der Leine erwies sich als gar nicht so einfach. Mal zerrte Caruso Oskar beinahe vom Rad, dann lief er ihm fast vor den Vorderreifen. Irgendwann stieg Oskar ab. „Wir laufen besser beide. Sonst gibt es noch einen Unfall."

Er klingelte bei Andreottis Sturm. Auch Fabios Mutter fand es seltsam, dass Oskar seinen Freund abholte. „Du hättest doch vorhin gleich mitkommen können", sagte sie. Sie glaubte ja, dass Fabio bei Oskar geschlafen hatte.

„Meine Mutter hat sich das mit den Salatpflanzen gerade erst überlegt. Eigentlich sollte ich ihr im Garten helfen."

Oskar ließ sein Rad bei Fabio stehen. Das kleine Stück bis zum Gartencenter konnten sie laufen.

„Stell dir vor, meine Mutter wollte, dass ich die Pflanzen bei Lehmanns kaufe."

„Igitt." Fabio schüttelte sich.

Als Oskar die Plastikschale mit den zwölf Salatpflänzchen bezahlen wollte, fragte Fabio zögernd: „Ist da garantiert kein DDT drauf?"

Die junge Frau hinter der Kasse schaute ihn fassungslos an. „Wie bitte? DDT ist in Deutschland schon seit Jahren verboten."

„Weiß ich. Aber manche Gärtnereien benutzen es trotzdem heimlich. Zum Beispiel ... au!"

Oskar war Fabio rücksichtslos auf den Fuß getreten. „Halt die Klappe!", zischte er.

„Wieso? Stimmt doch. Wir haben gestern ... aua! Lass das!"

Schnell legte Oskar das Geld auf den Ladentisch, dann zog er seinen Freund aus dem Geschäft.

„Bist du blöd? Wir dürfen nichts verraten. Stell dir vor, die Frau ruft bei Lehmanns an und warnt die. Dann lassen sie alle Kanister verschwinden."

„Warum sollte sie das tun?"

„Keine Ahnung. Vielleicht stecken alle Gärtner unter einer Decke. So wie alle Lehrer. Oder alle Polizisten."

„Oder alle Mütter", fiel Fabio noch ein. „Hast recht. Danke, dass du mich getreten hast."

20. Caruso bekommt Ärger und Oskar Damenbesuch

Katharina Nusspickel fand, dass Oskar die Pflanzen gut ausgesucht hatte. „Die werden bestimmt was. Ich setze sie gleich in die Erde." Schon bald zierte eine kerzengerade Reihe grüner Salatpflänzchen das frisch angelegte Beet. „Salat aus dem eigenen Garten. Ich freue mich schon." Katharina Nusspickel strahlte vor Stolz.

Wenig später rauchte sie vor Wut. Die Salatpflänzchen lagen völlig zerfetzt auf dem Rasen. Dort, wo sie mühsam ein Gemüsebeet angelegt hatte, hatte Caruso ein riesiges Loch gebuddelt. Man hätte leicht einen großen Busch pflanzen können, oder sogar einen Baum. Aber das hatte Oskars Mutter nicht vor.

Der Hund lag traurig in seinem Körbchen. Eine Vorderpfote hatte er über die Augen gelegt, als wolle er mit niemandem etwas zu tun haben. Er tat

Oskar leid. Woher sollte Caruso wissen, dass es Gemüsebeete gab?

„Wir brauchen einen Zaun um den Gemüsegarten", schlug er seiner aufgebrachten Mutter vor.

„Wir brauchen einen anderen Hund", lautete die Antwort.

Oskar kniete sich vor den Hundekorb und umarmte Caruso. „Nur über meine Leiche!"

In diesem Moment klingelte es an der Tür. „Du passt auf den Hund auf", ordnete Katharina Nusspickel an. „Ich mache auf."

Gleich darauf kehrte sie in die Küche zurück. Sie lächelte vielsagend. „Du hast Besuch, Oskar. Damenbesuch."

Agnieszka, war Oskars erster Gedanke, auch wenn er selbst wusste, dass das mehr als unwahrscheinlich war. Agnieszka befand sich vermutlich auf dem Weg nach Polen, außerdem kannte sie seine Adresse gar nicht.

Tatsächlich standen auch nur Jessica und Marina im Flur. Und die hätte Oskar nie und nimmer als Damen bezeichnet.

Wie es ihre Art war, fiel Jessica gleich mit der Tür ins Haus. „Wir sind neugierig. Was war gestern los?"

Entsetzt legte Oskar den Finger auf den Mund. Diese Mädchen waren aber auch zu blöd. Direkt hinter ihm stand seine Mutter, und die durfte von dem nächtlichen Abenteuer nichts wissen.

„Nichts. Wir haben ‚Schiffe versenken' gespielt und Chips gegessen. Wollen wir in den Garten gehen?"

Die Mädchen folgten ihm bereitwillig. Caruso wollte auch in den Garten, aber ein strenges „Du bleibst hier!" von Katharina Nusspickel ließ ihn mit hängendem Kopf zurück ins Körbchen trotten. Der Arme!

„Was ist denn bei euch passiert?", wollte Marina wissen.

„Ach, nichts Besonderes. Der Hund hat alle Salatpflanzen ausgebuddelt."

Marina grinste. „Typisch Caruso. Und jetzt erzähl!"

Wahrheitsgetreu berichtete Oskar, was in der Nacht passiert war. Nur die Sache mit dem Schlüssel ließ er weg. Das brauchten die beiden nicht zu wissen.

„Und? Kommt dir das nicht komisch vor?" Fragend schaute Jessica Oskar an.

„Komisch? Meinst du, dass Lehmanns nicht die Polizei gerufen haben?"

„Blödsinn. Ich meine was ganz anderes. Erst zaubert dieser Justus von Hagen den passenden Schlüssel herbei und dann findet ihr genau das, was er vermutet hat."

Was sollte daran so komisch sein? „Er hat das eben gewusst, weil in seinen Teichen keine Fische mehr leben und so. Der kennt sich aus."

Marina, die wie üblich Jessicas Meinung teilte, schüttelte unwillig den Kopf. „Wir vermuten etwas anderes. Justus von Hagen hat heimlich mit seinem Schlüssel den Schuppen geöffnet und dort einen Kanister mit DDT versteckt. Und gestern Nacht hat er euch hingeschickt, damit ihr genau diesen Kanister findet. Der Mann ist nämlich raffiniert."

Oskar schüttelte den Kopf. So einen Blödsinn konnten sich nur Mädchen ausdenken. „Und was hat er davon?"

„Keine Ahnung", musste Jessica zugeben. „Was haben die Lehmanns davon, das Gemüse, das sie verkaufen, vorher zu vergiften?"

„Oskar!", schallte es durch den Garten. „Dietmar ist da. Wir wollen Kaffee trinken. Wollen deine Freundinnen auch ein Stück Kuchen?"

Freundinnen? Das sollte ja wohl ein Witz sein. Ehe Oskar antworten konnte, rief Marina schon: „Geht leider nicht, Frau Nusspickel, wir müssen nach Hause! Schade."

Oskar fand es weniger bedauerlich, dass die beiden Kichererbsen keine Zeit mehr hatten. Mädchen waren bekanntlich schwatzhaft. Bestimmt würden sie sich verplappern und verraten, dass Oskar die letzte Nacht keineswegs bei Fabio verbracht hatte.

21. Ein Dienstgeheimnis und eine überraschende Wendung

Dietmar saß bereits am Küchentisch. Er rührte nervös in seinem Kaffee und schaute im Zwei-Sekunden-Takt auf seine Armbanduhr. Es schien ihn nicht sonderlich zu interessieren, dass der Hund den Salat auf dem Gewissen hatte.

„Ich kümmere mich nächste Woche um einen Zaun. Heute geht es nicht, ich muss noch mal weg. Wir haben einen Sondereinsatz – ganz komische Geschichte. Stell dir vor, heute Morgen kam Onkel Justus auf die Dienststelle und wollte sich selbst anzeigen. Angeblich ist er heute Nacht bei seinen Nachbarn eingebrochen. In die Gärtnerei Lehmann, du weißt schon."

„Ich hab ja geahnt, dass er verrückt ist. Und du hast gesagt, dass ich Oskar ruhig hinschicken soll – zu einem Verrückten!" Vorwurfsvoll schaute Katharina Nusspickel ihren Freund an.

Den beeindruckten ihre mütterlichen Ängste allerdings nicht sonderlich. Er redete einfach weiter.

„Er hat uns einen Kanister mit einem DDT-haltigen Spritzmittel auf den Tisch gestellt. Nach seiner Aussage behandeln die damit ihr Gemüse."

Jetzt wurde Katharina Nusspickel hellhörig. „DDT? Gärtnerei Lehmann? Oskar – hast du mir was zu sagen?"

Für einen Moment fragte Oskar sich, warum seine Mutter nicht Kriminalkommissarin geworden war. Sie hatte bestimmt das Zeug dazu. Oder war sie nur so klug, wenn es um ihren Sohn ging?

Glücklicherweise blieb Oskar eine Antwort auf diese Frage erspart, weil Dietmar einfach weiterredete: „Moment, es ist doch gar nichts bewiesen. Ich habe Onkel Justus wieder nach Hause geschickt. Viel interessanter ist, dass ..." Er stutzte. „Oskar, geh bitte rauf in dein Zimmer. Ich möchte mit deiner Mutter alleine reden."

Widerwillig verließ Oskar die Küche. Es konnte ihm wohl niemand übel nehmen, dass er nicht sein Zimmer aufsuchte, sondern an der Küchentür lauschte. Immerhin ging es hier um seinen Fall!

„Wie schon gesagt, ich habe Onkel Justus natürlich nach Hause geschickt. Wenn er wirklich dort eingebrochen ist, was ich stark bezweifeln möchte, handelt es sich um eine Straftat. Und ich denke, dass so ein alter Mann nicht vor Gericht gehört. Außerdem reicht ein verbeulter Kanister mit DDT, der in einem alten Schuppen stand, nicht als Beweis, dass Lehmanns wirklich ihr Gemüse damit spritzen. Vielleicht steht der Kanister dort schon jahrelang. Möglicherweise hat Onkel Justus das Zeugs früher selbst benutzt. Immerhin war das mal sein Betrieb. Komisch ist allerdings, dass ausgerechnet heute eine Razzia bei Lehmanns angesetzt wurde. Nicht wegen des DDT – das ist kein Fall für die Polizei. Aber es besteht der dringende Verdacht, dass bei Lehmanns Arbeiterinnen aus Polen ohne Arbeitsgenehmigung und Sozialversicherung beschäftigt werden. Die sollen hinten auf dem Firmengelände in Wohnwagen untergebracht sein. Wir haben einen Tipp vom Krankenhaus gekriegt. Da ist kürzlich eine Frau in den Gewächshäusern umgekippt, die nicht ordnungsgemäß krankenversichert wär."

„Das interessiert doch keinen Menschen!", ereiferte sich Katharina Nusspickel. „Schwarzarbeit, pah. Aber DDT. Wir haben dort Erdbeeren gekauft, erinnerst du dich?"

„Meine liebe Katharina, DDT ist nur in hohen Dosierungen giftig. Man hat es jahrelang benutzt, ohne dass die Menschen reihenweise tot umgefallen sind. Und in vielen Ländern wird es immer noch verwendet. Glaubst du wirklich, alles was du im Laden kaufen kannst, ist frei von solchen Spritzmitteln? DDT ist übrigens ein wirksames Mittel gegen Malaria, wusstest du das?"

Oh, diesen oberlehrerhaften Ton konnte Katharina Nusspickel überhaupt nicht ausstehen. So gut kannte Oskar seine Mutter. Vielleicht sollte er an die Tür klopfen und Dietmar warnen? Aber nein, wenn der unbedingt mit seiner Freundin zusammenwohnen wollte, musste er eben lernen, wie er mit ihr zurecht kam. Oskar hatte es auch ohne fremde Hilfe lernen müssen.

„Wenn die Polizei für diesen Skandal nicht zuständig ist, werde ich selbst was unternehmen", hörte Oskar seine Mutter.

„Katharina, ich bitte dich. Du stellst dir das viel zu einfach vor. Und jetzt muss ich los."

Noch ehe Oskar reagieren konnte, wurde die Küchentür aufgerissen. Oskar, der mit dem Ohr am Schlüsselloch hing, stolperte in die Küche. Dietmar stürmte an ihm vorbei in den Flur, riss seine Jacke vom Garderobenhaken und verschwand durch die Haustür.

Katharina Nusspickel sah ihren Sohn streng an. „Da bist du ja. Mir ist natürlich längst alles klar: Du hast nicht bei Fabio geschlafen. Ihr wart zusammen bei diesem verrückten Alten und habt gemeinsam diesen Kanister geklaut. Richtig? Brauchst gar nicht zu antworten, ich weiß es sowieso. Waren Jessica und Marina auch dabei?"

„Nein. Ja. Aber ..."

Oskars Rede wurde unsanft unterbrochen. „Immerhin habt ihr was unternommen. Unsere Polizei fühlt sich ja nicht zuständig." Sie schaute verächtlich Richtung Haustür. Draußen heulte gerade der Motor von Dietmars Auto auf.

„Männer", fauchte Katharina Nusspickel. „Dein Vater ist genauso einer."

Oskar nickte schuldbewusst. „Kann ich mal eben telefonieren?" Er wählte Fabios Nummer. „Bei Leh-

manns ist gleich Razzia. Aber sag es nicht weiter, ist streng geheim!"

„Und die Mädchen? Die müssen wir schon informieren, findest du nicht?"

„Meinetwegen. Aber wehe, die plaudern was aus. Auf deine Verantwortung. Wir treffen uns bei Justus von Hagen."

„Ich komme mit!", schallte es aus der Küche. „Hast du gehört, Oskar? Diesen Justus von Hagen will ich endlich mal selbst kennenlernen!"

Oskar fiel beinahe der Hörer aus der Hand. „Hast du gehört? Meine Mutter kommt auch. Ich fasse es nicht."

22. Der Schlüssel taucht wieder auf

Zwanzig Minuten später machten sich Oskar, seine Mutter und ein äußerst aufgeregter Caruso auf den Weg zu Justus von Hagen. Fabio hatte Jessica und Marina angerufen. Die Mädchen hatten zuerst gezögert. Sie hielten Justus von Hagen immer noch für einen Betrüger. Erst als sie hörten, dass Katharina Nusspickel auch kommen wollte, willigten sie ein mitzukommen.

Seltsam, aber Oskars Mutter sprühte vor guter Laune. „Ich bin ja gespannt, was das für ein komischer Vogel ist." Sie lachte.

Justus von Hagen benahm sich vorbildlich. Er küsste Oskars Mutter sogar die Hand, was diese in Verlegenheit brachte. „Kommen Sie nur herein in mein bescheidenes Haus."

Statt Pfefferminztee gab es Kaffee. Für die Kinder holte der alte Mann Apfelsaft aus dem Keller. Als alle Platz genommen hatten, überreichte er

Oskar einen Brief. „Hier, den hat heute Morgen eine junge Dame für dich abgegeben." Er zwinkerte Oskar zu. „Ich soll dich schön grüßen. Sie ist jetzt auf der Heimreise."

Als Oskar den Umschlag öffnete, fiel ein Schlüssel heraus. *Der* Schlüssel! Und ein Brief: *Schlüssel hat niemand gesehen. Schreibst du mir? Agnieszka.* Es folgte eine Adresse in Polen. Jetzt wusste Oskar, wie man „Agnieszka" schreibt. Und er war sich sicher, dass er es nie im Leben vergessen würde …

Natürlich würde er einen Brief schreiben. Und ein Foto von Caruso schicken. Ganz zufällig könnte er ja selbst auch mit auf dem Foto sein. Zuallererst aber war er froh, dass Agnieszka fort war. Von der Razzia würde sie nichts mehr mitbekommen.

Erleichtert legte er den Schlüssel für den Schuppen auf den Tisch. „Hier. Agnieszka hat ihn unbemerkt mitgenommen."

„Ein kluges Mädchen", sagte Onkel Justus.

Katharina Nusspickel stellte ihre Kaffeetasse ab. „Ja. Gut, dass wir gleich auf die Sache zu sprechen kommen. Wir müssen unbedingt etwas unternehmen. Die Polizei scheint sich ja nicht für unsere Gesundheit zuständig zu fühlen." Sie schnaubte ärgerlich. „Herr von Hagen, was können wir tun?"

„Wenn ich das wüsste, junge Frau. Leider war Dietmar ja nicht so angetan von meiner Selbstanzeige. Ich weiß natürlich, dass der Junge es gut meint. Er wollte mich schonen. Aber so kommen wir nicht weiter." Bekümmert zupfte Justus von Hagen an seinen langen Haaren.

„Uns fehlen die Beweise", seufzte Oskar. „Wir müssen sie auf frischer Tat ertappen."

„Am besten, wir fotografieren sie", fiel Fabio ein.

Justus von Hagen winkte ab. „Ein Foto hilft uns nicht weiter. Es ist ja nicht grundsätzlich verboten, die Pflanzen mit irgendwelchen Mitteln zu behandeln. Ohne geht es ja gar nicht, wenn man Monokultur betreibt."

„Mono-was?"

„Monokultur. Das bedeutet, dass in einem Gewächshaus oder auf Feldern nur eine einzige Pflanze angebaut wird. Wenn ein Schädling auftritt, ist gleich der gesamte Bestand betroffen. In der Natur gibt es so etwas nicht. Schau dir nur mal eine Wildwiese an. Dort wachsen unzählige Pflanzen auf engstem Raum. Es ist undenkbar, dass ein Schädling eine ganze Wiese ausrottet. Nimm nur mal die Blattläuse. In der freien Natur spielen sie praktisch keine Rolle. Sie ernähren sich von einigen Pflanzen. Gleichzeitig leben in ihrer Nachbarschaft aber Marienkäfer, Ohrwürmer und Schwebfliegen, die sich von Blattläusen ernähren. Sie sorgen dafür, dass die Zahl der Läuse im Rahmen bleibt. Andere Insekten wiederum ernähren sich von den Feinden der Läuse. Es ist ein unglaublich kompliziertes Zusammenspiel von vielen Faktoren, das perfekt funktioniert – solange der Mensch nicht eingreift." Justus von Hagen seufzte. „Aber der Mensch glaubt ja seit einiger Zeit, dass er schlauer ist als der liebe Gott."

Eine Weile war es still in der Küche. Die Kinder dachten darüber nach, was der alte Mann gesagt hatte. Selbst Caruso rührte sich nicht.

Dann ergriff Katharina Nusspickel wieder das Wort. „Sie haben ganz recht. Aber irgendetwas müssen wir doch gegen die Gärtnerei Lehmann unternehmen. Sollen wir mit der Presse drohen?"

Müde strich Justus von Hagen über sein graues Haar. „Ach, junge Frau, das versuche ich seit fünf Jahren, seit mir aufgefallen ist, dass sich hier alles verändert. Aber die Zeitung veröffentlicht keine Artikel, die nur auf Vermutungen beruhen und deren Inhalt sie in Schwierigkeiten bringen könnte. Die drucken ja nicht mal meine Leserbriefe ab. Nee, für die Presse bin ich ein alter Spinner, der Langeweile hat."

„Dann gehe ich in den Laden und drohe, alle meine Freundinnen zu informieren." Kampflustig schaute Katharina Nusspickel in die Runde.

„Das wird nichts ändern. Wir müssten eine frisch gespritzte Gurke auf DDT untersuchen lassen. Aber Lehmanns erlauben uns gewiss nicht, dass wir in ihre Gewächshäuser gehen. Es ist alles nicht so einfach. Glauben Sie mir."

Oskar sprang auf, was Caruso dazu veranlasste, ebenfalls aufzuspringen und wild zu bellen.

„Sitz!", sagte Justus von Hagen. Und dann noch: „Bleib!"

Brav nahm der Hund wieder Platz und blieb sitzen.

Katharina Nusspickel war beeindruckt. „Der Hund kann ja gehorchen."

„Wir müssen los. Wir müssen uns ein Versteck suchen, sonst verpassen wir noch das Beste!", rief Oskar ungeduldig.

Seine Mutter und Justus von Hagen erklärten, dass sie mit dem Hund im Haus bleiben würden. Das war auch gut so. Caruso hätte bei Dietmars Anblick bestimmt vor Freude laut gebellt und alle verraten.

23. Wie im Fernsehen

Oskar und seine drei Mit-Detektive versteckten sich auf der gegenüberliegenden Straßenseite im hohen Gras. Der Bauer, der dort vermutlich bald Heu machen wollte, wäre wohl nicht begeistert gewesen. Aber er wusste ja nichts davon.

Um Punkt sechs Uhr fuhren drei grünweiße Kleintransporter vor. Es war wie im Fernsehen: Eine ganze Truppe Polizisten stürmte heraus, drei von ihnen marschierten schnurstracks in den Laden, die anderen eilten im Laufschritt zu den Folientunneln und zu den dahinter stehenden Wohnwagen. Einer der Polizisten, die zu den Tunneln rannten, war Dietmar. Oskar duckte sich. Hoffentlich hatte der Freund seiner Mutter ihn nicht bemerkt!

„Ich wette, die sind bewaffnet", flüsterte Fabio. Er stieß Oskar in die Seite. „Was ist? Hat Dietmar gesagt, dass sie Waffen tragen?"

Oskar schüttelte den Kopf. „Nö. Er hat mir gar nichts gesagt. Darf er doch nicht. So eine Aktion muss streng geheim bleiben. Sonst können sie sich den Aufwand gleich sparen." Das war einleuchtend.

„Aber wieso wusstest du davon?", wunderte sich Jessica.

Oskar errötete sanft. „Ich hab an der Tür gelauscht. Dietmar hat es meiner Mutter erzählt."

„Ich an deiner Stelle hätte das für mich behalten", meinte Jessica altklug.

„Tja, dann würde ich hier jetzt allein sitzen", fiel Oskar ein.

„Stimmt", musste Jessica zugeben. „Na gut, euch hätte ich es auch verraten."

Ein Polizist stellte sich in die Eingangstür zum Laden und schickte alle Kunden nach Hause. Eine ganze Weile passierte nichts.

Dann hörte man Frau Lehmann schimpfen, dass sie sich beschweren würde. Bei der Zeitung. Und beim Bürgermeister. Zwei Polizisten trugen Kisten mit Aktenordnern zu den Wagen. Später brachte noch jemand einen Computer.

Um viertel vor sieben fuhr ein grüner VW-Bus vor. Die Polizisten ließen die polnischen Arbeiterinnen einsteigen. Die Frauen machten einen sehr ängstlichen Eindruck.

„Gemein", flüsterte Jessica. „Die haben doch nichts Schlimmes getan."

Der Wagen fuhr davon. Wenig später wurden Herr und Frau Lehmann, die beide laut schimpften, in einem Polizeiauto weggebracht.

Auf einmal war es mucksmäuschenstill.

„Was machen die jetzt mit den polnischen Frauen?", fragte Marina. „Müssen die ins Gefängnis?"

„Gut, dass Agnieszka und ihre Mutter schon weg sind", sagte Jessica.

Ja, das fand Oskar auch. Er fühlte sich ziemlich mies. So, als hätte er etwas Verbotenes getan.

Niemand sagte etwas. Mit gesenkten Köpfen trotteten die Kinder zu Justus von Hagens Haus.

Dort wiederholte Marina noch einmal ihre Frage: „Müssen die Frauen aus Polen jetzt wirklich ins Gefängnis?"

Oskars Mutter schüttelte den Kopf. „Nein. Wenn überhaupt einer ins Gefängnis muss, dann Herr Lehmann, weil er die Frauen ohne Arbeitsgenehmigung beschäftigt hat. Aber ich glaube nicht, dass es dazu kommt. Vermutlich muss er nur ein hohes Bußgeld zahlen."

Auf dem Tisch lag ein aufgeschlagenes Fotoalbum. Neugierig schaute Oskar die Bilder an.

„Ich habe deiner Mutter gerade die alten Aufnahmen gezeigt. So sah es hier früher aus", sagte Justus von Hagen. „Dort, wo das Erdbeerfeld ist, standen meine Obstbäume. In jedem Baum hing ein Meisenkasten. Das war meine Insektenabwehr und die hat prima funktioniert. Folientunnel hatte ich auch nicht. Meine Gurken habe ich unter Glas gezogen, auf Pferdemist. Das ist der beste Gurkendünger, den es gibt." Er schlug eine andere Seite in seinem Album auf. „Hier seht ihr meine beiden Arbeitspferde, Max und Lotte."

Jessica, die die ganze Zeit kaum ein Wort gesprochen hatte, sprang auf. „Sie hatten Pferde? Darf ich mal die Bilder sehen?" In der nächsten halben Stunde wurde nur noch über Max und Lotte gesprochen. Als Katharina Nusspickel auf die Uhr schaute und meinte, dass gleich Abendbrotzeit sei, stöhnte Jessica auf: „Schon? Schade."

Vor der Tür sagte sie strahlend: „Das ist wirklich ein netter Mann."

Oskar traute seinen Ohren kaum. Er sah Jessica fassungslos an. „Wie bitte? Ich denke, das ist ein ganz raffinierter Betrüger?"

„Blödsinn. Wer sagt denn das?"

„Du!", riefen Fabio und Oskar wie aus einem Mund. „Und Marina!"

Jessica winkte ab. „Da wusste ich noch nicht, dass Onkel Justus früher zwei Pferde hatte."

„Hä? Pferdebesitzer sind grundsätzlich gute Menschen?"

„Genau", erklärte Jessica würdevoll. „So ist es, Oskar Nusspickel. Wir müssen jetzt los. Bis dann."

Dietmar kam erst sehr spät nach Hause. Oskar hörte laute Stimmen aus dem Wohnzimmer. Es klang, als ob seine Mutter und Dietmar sich stritten. Eigentlich hätte Oskar gern gewusst, worum es ging. Aber er war viel zu müde um aufzustehen. Immerhin hatte er die letzte Nacht schon kaum geschlafen.

24. Dicke Luft in der Hortensienstraße 28

Als Oskar am nächsten Morgen zum Frühstück in der Küche erschien, war Dietmar schon wieder fort. Katharina Nusspickel hatte schlechte Laune.

„Ich habe versucht, mit Dietmar zu reden. Er sagt, wir sollen uns da raushalten. Uns würde das nichts angehen. Pah!" Wütend knallte sie die Kühlschranktür zu.

„Habt ihr euch gezankt?", wollte Oskar wissen.

Seine Mutter nickte.

„Schlimm? Ziehen wir wieder aus?"

„Ach, Oskar, ich weiß auch nicht. Warum stört es Dietmar nicht, dass jemand unsere Umwelt vergiftet? Warum unternimmt er gar nichts?"

„Vielleicht mag er kein Gemüse? So wie ich. Wenn es kein Gemüse mehr gibt, braucht man keines mehr zu essen", fiel Oskar ein. „Das wäre gar nicht so schlecht, Mama. Ehrlich."

Seine Mutter lachte.

„Ja, so wird es sein. Weißt du was? Ich hab eine Idee: Wir beide fahren heute zu Oma und Opa. Den ganzen Tag."

„Und Caruso? Den können wir doch nicht stundenlang allein lassen."

„Ach ja, der Hund ist ja auch noch da. Den müssen wir wohl mitnehmen. Versprich mir, dass du die ganze Zeit auf Caruso aufpasst. Die Gemüsebeete sind Omas Heiligtum. Wenn er dort Pflanzen ausbuddelt, lässt sie uns nie wieder in den Garten."

Katharina Nusspickel warf dem Golden Retriever einen Blick zu. „Hörst du?"

Der Hund sprang auf und bellte. „Sei still, du Salatmonster", seufzte Oskars Mutter.

Der Tag wurde dann trotz aller Befürchtungen sehr schön. Caruso zeigte sich von seiner besten Seite. Er wich Oskar nicht von der Seite und gehorchte aufs Wort.

Oskars Großvater war begeistert. „Das ist ja ein liebes Tier!"

Auf dem Heimweg hielt Katharina Nusspickel bei *McDonald's* an. „Oh, lecker!", jubelte Oskar. „Ich nehme einen Cheeseburger."

Aber da hatte er sich zu früh gefreut. Seine Mutter kaufte nur zwei Hamburger, die sie einpacken ließ. „Die sind für Dietmar. Der steht ja nicht auf gesunde Ernährung."

Zu Hause überreichte sie Dietmar das lauwarme Päckchen. „Hier, guten Appetit. Wir haben schon bei meinen Eltern gegessen. Frischen Salat aus dem Garten – ohne DDT", fügte sie hinzu.

Viel mehr wurde an diesem Abend in der Hortensienstraße 28 nicht gesprochen. Dietmar schnappte sich irgendwann die Hundeleine und verschwand mit Caruso. Katharina Nusspickel telefonierte mit ihrer besten Freundin Brigitte, was sie immer tat, wenn es irgendwelche Probleme gab.

Oskar ging früh ins Bett und beschloss, alles dafür zu tun, dass er und seine Mutter in der Hortensienstraße wohnen bleiben konnten. Ein Leben ohne Caruso mochte er sich gar nicht mehr vorstellen. Außerdem hatte er Wochen damit verbracht, Umzugskartons einzupacken und in der neuen Wohnung wieder auszupacken. Ganz bestimmt hatte er keine Lust, das Ganze zu wiederholen.

25. Ein versöhnliches Ende

Am nächsten Morgen stand Oskar schon um halb sieben auf, leinte den Hund an und lief mit ihm zum Bäcker, um Brötchen zu kaufen. Dann deckte er den Tisch. Er pflückte sogar ein paar Gänseblümchen, die er in einen Eierbecher stellte. Schließlich schaltete er die Kaffeemaschine ein.

Genau in diesem Augenblick öffnete sich die Küchentür. Dietmar kam herein, in der einen Hand eine Tüte mit Brötchen, in der anderen einen Strauß roter Rosen.

„Oh", grinste er. „Da hatte wohl einer denselben Einfall wie ich."

Als Katharina Nusspickel in der Küche erschien, roch es schon nach frisch aufgebrühtem Kaffee. „Hey, das ist ja wie in der Fernsehwerbung." Sie schaute erstaunt in den Brötchenkorb. „So viele Brötchen? Erwarten wir Besuch zum Frühstück?"

„Nee, aber Dietmar und ich mögen keinen Streit. Und wir hatten zufällig dieselbe Idee. Jetzt setz dich hin und iss, du musst ja bald los." Oskar rückte seiner Mutter den Stuhl zurecht. „Mit dem Hund war ich auch schon draußen."

Dietmar überreichte seiner Freundin feierlich die Rosen. Dann griff er nach der Zeitung. „Mal schauen, was die über unsere Razzia schreiben. Hier steht es ja schon: *Gärtnereibesitzer L. steht unter Verdacht, seit Jahren illegal Arbeiterinnen aus Osteuropa zu beschäftigen. Der Staatsanwalt ermittelt.*"

Und dann sagte Dietmar: „Ich habe gestern Abend lange nachgedacht. Ihr habt ganz recht. Man kann nicht immer die Augen verschließen. Ich werde heute die Landwirtschaftskammer informieren. Dort gibt es eine Abteilung für Pflanzenschutz. Die sollen ein paar Boden- und Wasserproben in der Gärtnerei entnehmen. Wenn es stimmt, dass Lehmanns DDT-haltige Mittel spritzen, muss das bestraft werden."

„Ja, eine Strafe hat er wirklich verdient." Katharina Nusspickel schnupperte an den Rosen. „Ich weiß gar nicht, wann mir zuletzt ein Mann Blumen geschenkt hat."

Es wurde ein kurzes, aber sehr gemütliches Frühstück. Die Erwachsenen lobten Oskars Kaffee überschwänglich. Angeblich hatte er noch nie so gut geschmeckt.

In der Schule gab es für die vier Detektive nur ein Gesprächsthema: Die Razzia in der Gärtnerei Lehmann. Welch ein Glück, dass Frau Mertens in Anbetracht des schönen Wetters den Musikunterricht auf den Schulhof verlegte. Während die anderen lautstark sangen, konnten Oskar und seine Freunde ungehindert miteinander flüstern.

Als Oskar heimkam, erwartete ihn eine Überraschung: Seine lang vermissten Turnschuhe standen vor seinem Zimmer.

„Ich muss mich bei dir entschuldigen", sagte Katharina Nusspickel kleinlaut. „Sie waren in dem Karton mit meinen Schuhen. Keine Ahnung, wie sie da reingekommen sind. Anscheinend bist nicht du unordentlich, sondern ich."

Oskar holte tief Luft. „Moment, ich hab auch was für dich." Er huschte ins Wohnzimmer und zog das Kochbuch aus dem Bücherregal. „Das hab ich zwischen deinen Büchern entdeckt. Du musst es übersehen haben."

Er hatte sich ja schon daran gewöhnt, dass Mütter Gedanken lesen konnten. Deshalb wunderte er sich nicht, als Katharina Nusspickel ihren Arm um seine Schulter legte und sagte: „Ich wette, du hättest das Buch am liebsten für immer dort gelassen. Danke, Oskar, es hat mir wirklich gefehlt."

Da klingelte es an der Haustür. Als Caruso losstürmen wollte, rief Oskar energisch „Sitz!" und dann „Bleib!". Es funktionierte.

Vor der Tür stand Justus von Hagen. Er hatte einen dicken Strauß Wiesenblumen für Katharina Nusspickel dabei. Oskars Mutter strahlte. „Zwei Blumensträuße an einem Tag."

Onkel Justus brachte gute Neuigkeiten: „Ich habe heute früh mit Herrn Lehmann gesprochen. Er will den Pachtvertrag lösen. Jetzt, da ihn ein hohes Bußgeld erwartet und er außerdem neues Personal einstellen müsste, kann er den Betrieb nicht mehr weiterführen. Ich habe mich bereit erklärt, den Vertrag fristlos aufzulösen. Ab dem nächsten Monat habe ich hier wieder das Sagen. Und noch was ..." Er strahlte. „Vorhin waren Leute vom Pflanzenschutzamt da. Die haben Boden- und Wasserproben entnommen. Die Kanister aus dem Schuppen sind beschlagnahmt worden, weil sie DDT enthalten. Scheinbar wendet sich doch noch alles zum Guten."

Oskars Mutter umarmte den alten Mann. „Das freut mich wirklich für Sie. Und was wird aus der Gärtnerei?"

„Keine Ahnung, das weiß ich noch nicht. Verpachten werde ich nicht mehr, das steht fest. Zuerst werde ich die Gewächshäuser und Folientunnel wegreißen. Darauf freue ich mich schon. Und dann lasse ich das Land erst mal in Ruhe. Mal schauen, wie lange es dauert, bis wieder Leben in den Teichen ist. Vielleicht gründe ich eine Stiftung. Auf dem Gelände könnte ein Kindergarten entstehen. Damit die Kleinen gleich lernen, wie man mit der Umwelt umzugehen hat. Das ist nämlich so ein Traum von mir." Er lächelte versonnen. „Der ‚Justus-von-Hagen-Kindergarten'. Die Kinder wären den ganzen Tag draußen. Und für die Tage, an denen es stürmt und gießt, bauen wir die Ladenräume zu Aufenthaltsräumen um."

Zum ersten Mal in seinem Leben wünschte Oskar sich, jünger zu sein. So einen Kindergarten hätte er nämlich auch gern besucht!

Leseprobe aus:

Barbara Wendelken, Oskar und die falschen Weihnachtsengel

Schulausgabe erschienen im
Hase und Igel® Verlag, Garching b. München
Best.-Nr. 029-3
Begleitmaterial für Lehrkräfte
Best.-Nr. 329-4

Jessica drückte auf den Klingelknopf. „Du mit deiner lächerlichen Perücke stehst ganz hinten. Damit die Leute nicht vor Schreck die Tür wieder zuknallen. Ich geb den Einsatz", zischte sie noch, bevor die Tür sich öffnete.

„Eins, zwei, drei: Alle Jahre wieder kommt das Christuskind auf die Erde nie-hie-der, wo wir Menschen sind", schallte es der älteren Frau entgegen.

Wenn Oskar geglaubt hatte, dass Frau Heinicke ihn unter der blonden Lockenperücke nicht erkennen würde, so hatte er sich geirrt. Als die letzten Töne verklangen, klatschte Rosalinde Heinicke begeistert in die Hände.

„Oskar", flötete sie, „du siehst ja entzückend aus. Ein richtiger kleiner Weihnachtsengel."

Rosinchen, die weiße Zwergpudeldame, sprang bellend um die Engelschar herum. Auch sie erkannte Oskar sofort. Und sie hinterließ einige schwarze Fußabdrücke auf seinem weißen, gerade erst von Jessicas Mutter gebügelten Gewand.

Frau Heinicke zog ihre Geldbörse hervor und reichte Marina einen Zehn-Euro-Schein. „Hier, mein Kind, für das Tierheim. Ich finde eure Idee sehr unterstützenswert. Das habe ich zu den Kindern, die vorhin hier gesungen haben, auch schon gesagt. Jetzt braucht ihr aber niemanden mehr zu schicken. Zwei Spenden an einem Tag sind genug."

„Was? Hier haben schon welche gesungen?", fragte Oskar ungläubig. „Engel?"

Rosalinde Heinicke nickte. „Ja, drei Jungs. Leider nur einstimmig. Deshalb habe ich nur fünf Euro gegeben."

Die Kinder wechselten einen raschen Blick. Dann sagte Fabio: „Vielen Dank für das Geld. Die Hunde werden sich bestimmt freuen, wenn sie nicht mehr den ganzen Tag im Käfig eingesperrt sein müssen. Auf Wiedersehen."

Sie verließen das Grundstück. „Kann es sein, dass Frau Heinicke ein bisschen zerstreut ist?", murmelte Marina. „Hier kann doch niemand gesungen haben. Frau Mertens hat jeder Gruppe die Straßen aufgeschrieben, in der sie sammeln sollen. Und die Königstraße ist unsere." Sie zuckte mit den Schultern. „Na ja, die Heinicke ist ziemlich alt. Und alte Leute werden wunderlich. Meine Oma kriegt auch alles durcheinander. Neulich wusste sie nicht mehr …"

Unsanft wurde sie von Fabio unterbrochen. „Ist doch piepegal, was deine Oma vergessen hat." Er stampfte mehrfach mit den Füßen auf der Stelle. „Wir müssen weiter. Sonst friere ich hier fest."

Kalt war es wirklich, also zog die Engelschar zum nächsten Haus. Dort wohnte Brigitte, die beste Freundin von Oskars Mutter. Auch sie schien sich mehr für Oskars Aussehen als für die musikalische Darbietung zu interessieren.

„Stehen bleiben", verlangte sie und verschwand in der Wohnung. Sie kam allerdings nicht mit Geld, sondern mit ihrem Fotoapparat zurück. Und dann knipste sie Oskar, weil er angeblich herzallerliebst aussah. Herzallerliebst!!! Die Mädchen wollten sich totlachen.

„Eure Planung scheint ja etwas chaotisch zu laufen. Hier waren nämlich gerade schon drei Engel. Aber weil du es bist", sie zwinkerte Oskar zu, „gebe ich noch einmal Geld. Ist ja auch wirklich für einen guten Zweck."

„Ehrlich? Hier haben schon Kinder gesungen?" Offenbar litt Frau Heinicke doch nicht an Altersverwirrung.

Brigitte nickte. „Vor einer Viertelstunde. Drei blonde Jungen, der Größte trug rote Turnschuhe. Das fand ich ja nicht so passend für einen Engel."

„Die kennen wir gar nicht", sagte Oskar erbost.

Die Kinder verabschiedeten sich rasch. Oskar hatte es nämlich plötzlich sehr eilig. Vor einer Viertelstunde, hatte Brigitte gesagt. Vielleicht waren die drei noch in der Nähe.

Leseprobe

„Die können noch nicht sehr weit sein. Wir rennen jetzt die Straße runter. Zwei auf der rechten und zwei auf der linken Seite. Wenn wir die Burschen erwischen, können sie was erleben. Singen einfach in unserer Straße!"

Im nächsten Moment flitzten vier Weihnachtsengel durch die Königstraße. Sie hielten ihre langen weißen Gewänder hochgerafft, damit sie schneller laufen konnten. Einem Engel rutschte ständig die blonde Lockenperücke ins Gesicht.

Zwei ältere Frauen sahen den Kindern kopfschüttelnd hinterher. Eine sagte: „In der Zeitung stand, dass sie Weihnachtslieder singen. Und jetzt veranstalten die ein Wettrennen. Nee, dafür bezahl ich keinen Cent." Die andere Frau nickte zustimmend. „Was hat das wohl mit Weihnachten zu tun?"

Irgendwann blieben die vier Kinder stehen, weil sie keine Puste mehr hatten. „Wir müssen zurück", keuchte Marina. „Singen. Sonst haben wir morgen am wenigsten Geld von allen."

Auf dem ganzen Rückweg wurde heftig debattiert. „Drei blonde Jungen, einer davon ist groß. Daniel ist groß und blond", fiel Oskar ein.

„Sie hat nicht gesagt, dass er besonders groß war. Nur, dass er der Größte von den dreien war." Jessica tippte Oskar gegen die Brust, was der nicht leiden konnte. Deshalb schlug er ihre Hand fort.

„Außerdem haben wir nur gemischte Gruppen gebildet. Daniel ist mit Oliver, Diana und Meike unterwegs. Das weiß ich ganz genau. Sie singen nämlich zufällig in unserer Straße. Ich hab sie vorhin gesehen, als ich losgefahren bin." Fabio schaute ratlos in die Runde. „Versteht ihr das?"

„Rote Turnschuhe", sagte Marina nachdenklich. „Wer aus unserer Klasse trägt rote Turnschuhe?"

„Hendrik", fiel Jessica sofort ein. „Der hat rote Schuhe von Adidas. Und blond ist er auch."

Nie im Leben hätte Oskar gewusst, welcher Junge rote Turnschuhe trug. Für die Kleidung seiner Mitschüler interessierte er sich kein bisschen. Aber ein Detektiv, und ein solcher war er nun einmal, musste über eine besonders gute Beobachtungsgabe verfügen. Und wenn nicht, musste er so tun, als ob.